Josef Kirschner, Jahrgang 1931, hat sich in seinen bisher 15 Büchern einem Thema verschrieben: der stillen Revolution eines neuen Individualismus. »Jeder«, so lautet seine Provokation, »kann für seine Freiheit und sein Glück nur allein verantwortlich sein«. Der Autor lebt mit seiner Familie in einem Bauernhaus bei Wien. Er war Ölbohrer, Dolmetscher, Chefredakteur, PR-Berater, Fernsehmoderator und Lehrbeauftragter. Nach »Manipulieren – aber richtig«, »Hilf dir selbst, sonst hilft dir keiner« und »Die Kunst, ohne Angst zu leben« legt Josef Kirschner mit »Die Kunst, glücklich zu leben« das Resümee seiner jahrzehntelangen Beschäftigung mit dem Prinzip Glück vor.

Von Josef Kirschner sind außerdem erschienen:

Manipulieren – aber richtig (Band 7442)
Die Kunst, ein Egoist zu sein (Band 7549)
Hilf dir selbst, sonst hilft dir keiner (Band 7610)
Die Kunst, ohne Überfluß glücklich zu leben (Band 7647)
Die Kunst, ohne Angst zu leben (Band 7689)
So wehrt man sich gegen Manipulation (Band 7717)
So lernt man, sich selbst zu lenken (Band 7718)
So hat man mehr Spaß am Sex (Band 7719)
So plant man sein Leben richtig (Band 7720)
So lebt man glücklich – ohne Heirat (Band 7740)
So macht man auf sich aufmerksam (Band 7741)
So nutzt man die eigenen Kräfte besser (Band 7742)
So lernt man, sich selbst zu lieben (Band 7743)

Dieses Buch wurde auf chlor- und säurefreiem Papier gedruckt.

Vollständige Taschenbuchausgabe August 1992
Droemersche Verlagsanstalt Th. Knaur Nachf., München
© 1990 Droemersche Verlagsanstalt Th. Knaur Nachf., München
Das Werk einschließlich aller seiner Teile ist urheberrechtlich
geschützt. Jede Verwertung außerhalb der engen Grenzen des
Urheberrechtsgesetzes ist ohne Zustimmung des Verlages
unzulässig und strafbar. Das gilt insbesondere für Vervielfältigungen,
Übersetzungen, Mikroverfilmungen und die Einspeicherung und
Verarbeitung in elektronischen Systemen.
Umschlaggestaltung Agentur ZERO, München
Druck und Bindung Elsnerdruck, Berlin
Printed in Germany
ISBN 3-426-82004-8

2   4   5   3   1

Josef Kirschner

Die Kunst glücklich zu leben

Wie man lernt, seine Probleme selbst zu lösen

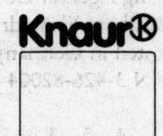

Für alle, die es satt haben,
ein Leben lang nach der Pfeife anderer zu tanzen
und sich dabei selbst zu verleugnen

DER INHALT

Warum es besser ist,
sein Glück selbst in die Hand zu nehmen,
statt es anderen zu überlassen

In Schulen, Kirchen und vielen anderen Institutionen wird uns im Laufe der Jahre alles mögliche beigebracht. Nur eines nicht: Was jeder einzelne tun kann, um an jedem Tag seines Lebens glücklich zu sein.

Wir werden zu Gehorsam, Nächstenliebe, Solidarität und Respekt vor unseren Mitmenschen angehalten. Aber niemand lehrt uns den Respekt vor uns selbst. Im Gegenteil. Unsere ganze Erziehung ist auf Selbstverleugnung ausgerichtet.

Wissen Sie, warum das so ist?

Weil niemand daran interessiert ist, daß wir kritisch, selbstbewußt und egoistisch sind. Menschen, die wissen, was sie wollen, sind schwer zu manipulieren. Deshalb sollen wir ängstlich und hilflos bleiben, um für alle Zeiten auf das Wohlwollen anderer angewiesen zu sein.

Der Köder, mit dem man uns an den Angelhaken lockt, ist eine raffinierte Mischung aus Versprechen und Drohen: »Wenn du tust, was wir von dir erwarten, sorgen wir dafür, daß du glücklich bist. Wenn nicht, wirst du aus der Gemeinschaft ausgeschlossen.«

Die Politiker versprechen uns Wohlstand, Sicherheit und auch sonst das Blaue vom Himmel, wenn wir sie wählen und an der Macht erhalten. Die Wirtschaft gängelt uns mit dem Glück des unbegrenzten Fortschritts, falls wir dazu bereit sind, immer mehr zu verdienen, damit wir immer mehr kaufen können. Wir alle machen mit, obwohl leicht zu erkennen wäre, daß uns dieser Fortschritt schon längst viel mehr schadet als nützt.

Die Kirche will uns zum Seelenheil verhelfen. Wenn nicht in dieser Welt, dann wenigstens in einer anderen. Vorausgesetzt natürlich, wir bleiben ihr treu, zahlen die Beiträge pünktlich und tun gläubig unsere Pflicht.

Auf ähnliche Weise haben auch Mediziner und die pharmazeutische Industrie nur unser Wohl im Auge. Unermüdlich bewahren und heilen sie uns für gutes Geld von immer neuen Krankheiten, die zu entdecken und uns in den schrecklichsten Farben auszumalen sie niemals müde werden.

Alles das mag für Sie ein wenig übertrieben klingen. Aber einmal ganz ehrlich: Ist das nicht tatsächlich die Welt, in der wir heute leben?

Scharen von Helfern, Rettern aus der Not und allwissenden Autoritäten umgeben uns und schwören, daß alles, was sie auf unsere Kosten für uns tun, einzig und allein zu unserem Besten geschieht.

Bei soviel Fürsorge müßten wir eigentlich alle schon längst unsagbar glücklich sein. Sind wir es?

Lesen Sie nicht einfach über diese Anmerkung hinweg. Machen Sie eine kleine Pause und beantworten Sie sich selbst ohne viel Wenn und Aber die einfache Frage: »Bin ich wirklich glücklich? Führe ich das Leben, das ich führen möchte?«

Als ich mich zum ersten Mal ernsthaft damit auseinandersetzte, machte ich eine erschreckende Feststellung: Ich wußte weder konkret, worin das Glück meines Lebens bestehen könnte, noch hatte ich eine Vorstellung davon, welche Art von Leben ich eigentlich führen wollte.

Ich hatte mich daran gewöhnt, so zu leben, wie andere es von mir erwarteten, und darüber glücklich zu sein, wenn man mit mir zufrieden war.

Wissen Sie konkret, was Sie glücklich macht? Entscheiden Sie selbst darüber, oder tun es andere?

Ich leitete einige Jahre lang während der Sommermonate im Schweizer Kurort Davos Seminare unter dem Motto: »Wie man lernt, glücklich zu leben.« Manchmal bat ich die Teilnehmer, aufzuschreiben, was sie so richtig glücklich gemacht habe oder machen könnte. Hier sind einige der Antworten:

»Am glücklichsten wäre ich, wenn aus meinen beiden Kindern im Leben einmal etwas Anständiges würde.«

»Noch nie war ich so glücklich, wie an dem Tag, an dem mein Mann nach seiner schweren Operation aus dem Spital wieder zu mir nach Hause kam.«

»Der glücklichste Tag des vergangenen Jahres war für mich, als mir mein Chef bei der Weihnachtsfeier vor allen Kollegen Lob und Anerkennung für meine guten Leistungen aussprach.«

»Der glücklichste Tag meines Lebens wäre es, wenn ich mich mit meinem Vater endlich richtig aussprechen könnte.«

»Mein größtes Glück wäre ein ordentlicher Gewinn im Lotto. Dann wäre ich endlich alle meine Sorgen los.«

Ich erinnere mich, daß niemand etwas in dem Sinne sagte: »Ich bin glücklich, weil ich so lebe, wie es mir Spaß macht.« Oder: »Mit allem, was ich bin und tue, mache ich mich glücklich.«

Ohne Ausnahme machten sie ihr persönliches Glück von

jemand anderem abhängig. Von den Kindern, dem Chef, der Gesundheit des Partners, dem Wohlwollen des Vaters. Oder ganz einfach vom Zufall eines Lottogewinns.

Wer sich *darauf* verläßt, weiß allerdings nie, ob und wann sich seine Erwartungen erfüllen. Ich kenne eine ganze Menge Leute, die seit fünf, zehn oder mehr Jahren auf das große Glück, die große Chance, die große Liebe oder auch nur auf einen Menschen warten, von dem sie hoffen, »daß er mich wirklich versteht«.

So warten sie und hoffen. Dabei verklären sich ihre Wünsche zu utopischen Traumbildern, denen kein Partner jemals gerecht werden kann. Deshalb endet dieses Hoffen auf das große Glück fast immer mit einer Enttäuschung.

Und noch etwas: Je länger jemand darauf wartet, daß andere ihn glücklich machen, um so geringer wird das Vertrauen darauf, sich selbst helfen zu können.

Ich bin sicher, daß jeder von uns von Zeit zu Zeit vor der Entscheidung steht:

- Mache ich selbst das Beste aus meinem Leben? Oder
- Verlasse ich mich darauf, daß jemand anderer mich glücklich macht?

Wenn Sie sich dazu entschlossen haben, Ihr Leben in die Hände anderer Leute zu legen, werden Sie mit diesem Buch wenig Freude haben. Es geht nämlich davon aus, daß niemand in dieser Welt uns so glücklich machen kann wie wir selbst. Vorausgesetzt natürlich, wir lernen, wie man es macht.

Sich selbst glücklich zu machen, wissen Sie, was das heißt? Es bedeutet, das Netzwerk der vielfältigen Abhängigkeiten zu durchbrechen, in das unsere Erziehung uns eingebettet hat, damit wir brave, folgsame, gutgläubige Bürger werden. Zugegeben, wer sein Leben selbst gestalten will und sich auf das Abenteuer der Selbstbefreiung einläßt, stößt auf Widerstände verschiedenster Art:

- Da ist zu allererst die eigene Bequemlichkeit, die jedem kritischen Unbehagen mit dem Argument begegnet: »Im Grunde genommen geht es mir doch gar nicht schlecht. Wozu soll ich etwas riskieren?«
- Dann sind da die Leute, die davon leben, daß wir ihren Versprechungen glauben. Sie setzen uns unter Druck, wenn sie erkennen, daß wir uns ihrem Einfluß entziehen möchten.
- Im Wege stehen uns auch die eingelernten Vorstellungen von Moral und Ehre, Treue und Stolz und noch einiges anderes, am dem wir uns orientieren, obwohl es uns nichts anderes beschert als Zwiespalt mit uns selbst.
- Der größte Widerstand ist vermutlich die Angst davor, das Leben unbekümmert nach eigenen Vorstellungen zu genießen und damit den Unmut der Mitwelt herauszufordern.

Dieses Buch ist eine ausführliche Anleitung dafür, sein Leben selbst zu gestalten. Allerdings ohne jeden Anspruch auf Vollständigkeit. Nichts ist objektiv oder hat mit Wissenschaft zu tun. Eher ist das Gegenteil der Fall. »Die Kunst, glücklich zu leben« ist die subjektive Beschreibung meiner persönlichen Vorstellungen und Erfahrungen im täglichen Bemühen, glücklich zu sein.

Ich habe in den vergangenen Jahren über dieses Thema schon über ein Dutzend Bücher geschrieben. Sie tragen Titel wie: »Die Kunst, ein Egoist zu sein«, »Hilf dir selbst, sonst hilft dir keiner« oder »Die Kunst, ohne Überfluß glücklich zu leben« und wurden bisher von einigen Millionen Menschen gekauft. Manches darin wurde verurteilt, anderes über den Klee gelobt. Und gelegentlich schreiben mir Leser, durch meine Bücher hätte sich ihr Leben grundlegend geändert.

Alles das sollte für Sie allerdings kein Grund sein, auch nur eine einzige meiner Anregungen auf den folgenden Seiten ungeprüft zu glauben oder zu übernehmen. »Die Kunst, glücklich zu leben« ist vielmehr eine Provokation des Lesers, an niemanden so sehr zu glauben wie an sich selbst. Wenn Sie es in dieser Kunst zur Meisterschaft bringen wollen, müssen Sie Ihr eigener Lehrmeister sein.

Wer also hier einen Kursus erwartet, den man Lektion für Lektion befolgen kann, um schließlich, bei angemessenem Fleiß, das Lehrziel zu erreichen, wird enttäuscht werden. Persönliches Glück erfordert für jeden seinen persönlichen Weg. Was für mich gut ist, kann auch für andere gut sein. Das muß aber nicht so sein. Selbst was heute für mich richtig sein mag, kann morgen falsch sein.

Es bleibt also dem interessierten Leser nicht erspart, selbst herauszufinden, was für ihn richtig ist. Und es zu tun.

Wie Sie aus diesem Buch für sich den größten Nutzen ziehen können

Es gibt zwei Möglichkeiten, sich mit diesem Buch zu beschäftigen. Sie können es einfach nur lesen und für gut oder schlecht befinden. Oder Sie pressen es wie eine Zitrone aus. Das heißt: Wann immer Sie bei der Lektüre auf eine Anregung, die Beschreibung einer Lebenstechnik oder eine Erkenntnis stoßen und denken: »Das wäre etwas für mich«, oder: »Das sollte ich einmal versuchen« – probieren Sie es aus, machen Sie es sich zu eigen.

»Die Kunst, glücklich zu leben« ist ein Gebrauchsbuch. Als Vorlage diente mein eigenes »Lebensbuch«, eine Art persönliche Bibel, die ich seit zwanzig Jahren besitze. Es enthält eine genaue Beschreibung der wichtigsten Vorstellungen, wie ich leben möchte. Auch die Philosophie, nach der ich mich orientiere. Dazu Strategien und Techniken zur Verwirklichung meiner Vorstellungen.

Der größte Nutzen, den jemand aus dem vorliegenden Buch ziehen kann, besteht vermutlich darin, daß sich sein Leben zum Besseren ändert. Das könnte heißen, daß er aus einem Leben für andere Menschen ein Leben für sich selbst macht. Oder, daß er sich nie wieder schuldbewußt fühlt, wenn er etwas tut, was man ihm verboten hat.

Es könnte sein, daß sich beim Lesen der folgenden Kapitel die Einstellung zu Ihrer Arbeit, der Familie oder zu Krankheit und Tod grundlegend ändert. Vielleicht ist es dann für Sie auch nicht mehr wichtig, ob Sie mehr oder weniger Geld verdienen als jemand anderer.

Was mich betrifft, so hätte sicherlich mein Leben ohne dieses »Lebensbuch« einen anderen Verlauf genommen. Es liegt ständig auf meinem Schreibtisch, als Wegweiser für mein tägliches Verhalten. Von Zeit zu Zeit ergänze ich das eine oder andere Kapitel durch neue Erfahrungen und Erkenntnisse, die ich im Umgang mit mir selbst und der Mitwelt gewinne. Ich habe aufgeschrieben, wie ich mit mir selbst in Frieden leben will, mich gesund ernähren, mich konzentrieren, meine Geduld trainieren und meinen Körper fit halten kann. So kann ich jeden Tag alles, was ich tue, mit dem vergleichen, was ich tun möchte.

Auf diese Weise bin ich mein eigener Berater, was mein persönliches Glück betrifft. Ich brauche weder einen Psychologen, noch einen Therapeuten oder Pfarrer und nur selten einen Arzt. Mein Gewicht beträgt seit 25 Jahren 77 Kilogramm, dabei habe ich während der ganzen Zeit immer nur gegessen und getrunken, was mir Spaß machte.

Gewiß hat das alles auch damit zu tun, daß ich in meinem bisherigen Leben nur vier oder fünf Tage als Patient in einem Krankenhaus verbringen mußte. Die Ratschläge aus meinem »Lebensbuch« haben sich offensichtlich auf meinen Gesundheitszustand vorteilhaft ausgewirkt. Gesundheit ist schließlich kein unwesentlicher Bestandteil unseres täglichen Glücks.

Das meinte ich, wenn ich weiter oben schrieb, dieses Buch könne vom Leser zu seinem praktischen Nutzen ausgebeutet werden.

Es ist schon ein paar Jahre her, als ich zu meiner Überraschung in einer Zeitung den Ausspruch des damals sehr bekannten deutschen Fußballspielers Wolfgang Dremmler las. Er erklärte: »Ohne das Buch ›Die Kunst, ein Egoist zu sein‹ von Josef Kirschner hätte ich es niemals geschafft, in der Nationalmannschaft spielen zu dürfen.«

Später lernte ich Dremmler kennen. Er erzählte mir, daß er sich in seiner Anfangszeit bei dem traditionellen Klub Bayern München in einer schweren persönlichen Krise befunden habe. Nichts gelang ihm. Der Trainer war enttäuscht von ihm, und die Kollegen machten sich über seine schwachen Leistungen lustig. Sein Selbstvertrauen befand sich auf dem Tiefpunkt.

Zu dieser Zeit sah seine Frau zufällig in einem Schaufenster mein Buch und kaufte es. Dremmler: »Ich habe es in zwei Nächten buchstäblich verschlungen. Nachher war ich irgendwie geläutert. Ich sah mich selbst ganz anders und erkannte, was ich falsch gemacht hatte. Von da an lief dann eigentlich alles ganz von selbst.«

Ich weiß bis heute nicht genau, was in meinem Buch tatsächlich diesen Anstoß bewirkt haben könnte. Letzten Endes ist es auch gar nicht wichtig. Was zählt, ist doch nur das Ergebnis. Und dafür ist nicht mein Buch, sondern einzig und allein Dremmler selbst verantwortlich. Statt sich weiter selbst leid zu tun, änderte er ein paar Dinge in seinem Leben.

Aus dem vorliegenden Buch für sich einen Nutzen zu ziehen, setzt zwei Dinge voraus.

1. Sie müssen dazu entschlossen sein, etwas in Ihrem Leben zu ändern. Ein halbherziges »Ich versuche es einmal. Wir werden ja sehen, was dabei herauskommt« ist zu wenig.

2. Sie müssen vom Lesen und Erkennen zum Handeln übergehen. Denn das Lesen auch der großartigsten Bücher allein hat noch niemanden glücklich gemacht.

Ich kenne eine Menge Leute, die unermüdlich Seminare besuchen, keinen Vortrag bedeutender Experten versäumen und allen möglichen einschlägigen Vereinen angehören. Aber sie können sich nie wirklich entschließen, aus eigener Kraft für die Veränderung ihres Lebens aktiv zu werden.

Zu ihren beliebtesten Aussprüchen gehören:

- »Was ich da gelesen habe, ist großartig. Sobald ich ein bißchen Zeit habe, werde ich es befolgen.«
- »Wenn ich nur alles ein paar Jahre früher gewußt hätte, wäre mein Leben bestimmt ganz anders verlaufen.«
- »Ich habe das Problem mit meinem Therapeuten besprochen, er findet es sehr interessant.«

Wer auf diese Weise selbstbewußt, zielstrebig oder glücklich werden möchte, wird es wohl nie schaffen. Wissen Sie warum? Weil er in Wahrheit gar nichts an sich verändern will. Die unermüdliche Suche nach fremden Lösungen ist nichts anderes, als ein Alibi für Selbstmitleid. Er sagt: »Ich bemühe mich ja, aber es gelingt mir einfach nicht.« Oder: »Ich möchte ja furchtbar gerne, aber man läßt mich nicht.«

Wer glücklich leben will, muß sich glücklich machen. Er muß sich selbst dafür verantwortlich fühlen. Das heißt, es gibt niemanden, dem er die Schuld für sein Versagen geben kann. Dabei ist es gleichgültig, ob jemand spontan oder erst nach gründlicher Überlegung die Initiative ergreift.

Wer glücklich werden möchte, schafft es wahrscheinlich noch nicht in der nächsten Stunde. Viel wichtiger ist, daß er es für den Rest seines Lebens ist.

Ich korrespondiere seit Jahren mit einigen Lesern, die sich entschlossen haben, ihr eigenes »Lebensbuch« zu erarbeiten. Bevor sie richtig loslegen, wollen sie einen genauen Plan haben, nach dem sie vorgehen können. Ganz im Gegensatz zu einem Mann namens Josef Starkbaum, mehrmaliger Weltmeister im Ballonfahren.

Wir trafen uns zufällig an einem stürmischen Abend auf einer Skihütte in den österreichischen Alpen. Dort erzählte er mir bei einem Bier und einigen Schnäpsen folgende Geschichte: Er hatte in einem Bahnhofskiosk mein Buch »Hilf dir selbst, sonst hilft dir keiner« gekauft, um sich während der Zugfahrt damit die Zeit zu vertreiben. Er überflog den Inhalt nur beiläufig, bis ihm die Beschreibung auffiel, wie ich mir mit Hilfe des autogenen Trainings das Rauchen abgewöhnt habe. Er las sie aufmerksam durch und probierte die beschriebene Technik der Selbstbeeinflussung sofort an sich aus.

Starkbaum: »Ich fiel schon beim ersten Versuch in eine tiefe Entspanntheit und redete mir ein, daß ich frisch und munter und meine Müdigkeit verflogen sei. So war es dann auch. Mir war klar, daß ich diese großartige Technik für meinen Beruf als Pilot gut gebrauchen konnte.«

Nachdem er das anerkannt hatte, so erzählte mir der Weltmeister nebenbei, interessierte ihn der Rest des Buches gar nicht mehr. Er warf es in den nächsten Abfallkorb. Eine einzige Anregung daraus hatte ihm damals genügt.

Nicht unerwähnt soll bleiben, daß Starkbaum die Selbstkontrolle durch autogenes Training später zur höchsten Perfektion brachte. Einmal, als die Heizanlage seines Ballons explodierte, erlitt er am ganzen Körper schwere Verbrennungen. Auf dem Weg in ein Krankenhaus versuchte man ständig, ihm alle möglichen schmerzstillenden Mittel zu verabreichen. »Mit diesen Verbrennungen müssen Sie ja wahnsinnig leiden«, meinte der Arzt.

Starkbaum aber lehnte beharrlich alle Medikamente und Spritzen ab. Seinen verdutzten Helfern erklärte er: »Wissen Sie, ich spüre überhaupt keine Schmerzen. Ich mache sie mir alle mit autogenem Training weg.«

Sicherlich ist das ein ziemlich ausgefallenes Beispiel dafür, wie man aus einem Buch praktischen Nutzen für sich ziehen kann. Aber wie viele Menschen wären überglücklich, wenn sie imstande wären, auf solche Weise ohne fremde Hilfe ihre Schmerzen kontrollieren zu können.

Was nun dieses Buch betrifft, so geht es hier nicht um Schmerzen oder autogenes Training, Geld, harmonisches Familienleben, Selbstbewußtsein im Beruf, Gesundheit und richtige Ernährung. Es geht um alles zusammen und noch einiges mehr. Es geht um die große Strategie für alle Bereiche unseres Lebens.

Die Kunst, glücklich zu leben, bedeutet nicht mehr und nicht weniger, als alle Probleme aus eigener Kraft lösen zu können, die unserem Glück im Wege stehen. Nicht nur ab und zu, sondern möglichst an jedem Tag.

Im Grunde genommen sind nur drei Voraussetzungen dazu erforderlich:

1. Sie selbst machen sich bewußt, wer Sie wirklich sind und wie Sie leben wollen, damit Sie täglich glücklich sein können.

2. Sie fällen die Entscheidung, täglich alles zu tun, was dazu erforderlich ist und schreiben es für sich auf.

3. Sie stellen sich immer wieder in Ihrer Phantasie vor, wie Sie alles schaffen, was Sie tun wollen. Bis es eines Tages ganz von selbst geschieht.

I.
DIE 17 VORSTELLUNGEN
DES GLÜCKLICHEN LEBENS

Was immer wir uns im Leben erfüllen möchten, jeder Wunsch, ein Kindheitstraum oder auch nur das Bedürfnis des Augenblicks, alles beginnt in unseren Gedanken. Von irgendwoher trifft uns ein Impuls, und wir denken: »Das möchte ich haben«, »So möchte ich sein« oder »Das will ich machen«. Dutzendemal an jedem Tag stehen wir dann vor der Entscheidung:

● Tun wir, was wir tun möchten?
● Oder unterdrücken wir es?

Das Ergebnis hängt davon ab, welcher Art von Kontrolle wir unseren Wunsch unterwerfen, den Geboten, Verboten, anerzogenen Tabus und den Verhaltensregeln, die uns die Gesellschaft auferlegt, oder den Maßstäben, die wir selbst für uns besitzen.

Erst vor einigen Tagen sagte ein von der Mittelmeersonne gebräunter ehemaliger Kollege zu mir: »Wissen Sie, am liebsten hätte ich ja heuer den Urlaub daheim in unserem Garten verbracht. Aber die Familie wollte unbedingt wieder ans Meer.«

Sie waren also acht Stunden lang im Auto in den Süden unterwegs. Im Radio hörten sie, wie lange sie an der nächsten Grenze warten müßten und welche Meeresstrände diesmal von der Algenplage besonders stark heimgesucht wurden.

Warum blieb dieser Unglücksrabe nicht wirklich zu Hause, wie er es sich wünschte? Ganz einfach: Er verglich seinen egoistischen Wunsch mit der Vorstellung vom guten, besorgten Familienvater, wie sie den Erwartungen der Gesellschaft entspricht:

- Er denkt zuerst an die Familie und dann erst an sich selbst.
- Er hat Schuldgefühle, weil er sich das ganze Jahr zu wenig um die Kinder kümmert, also hat er wenigstens in den Ferien für sie dazusein.
- Wer sich keinen standesgemäßen Urlaub leistet, wird von Nachbarn und Kollegen scheel angesehen.
- Wer sich nicht für fremde Länder, vergangene Kulturen und andere Völker interessiert, wird als muffiger Kleinbürger eingestuft.
- Ein moderner Mensch muß weltoffen sein und darf nicht immer nur zu Hause hocken.

Wer seinen Wunsch nach Erholung im eigenen Garten diesen Forderungen unterwirft, hat nur eine Möglichkeit: Er unterdrückt ihn sofort und tut, was von ihm erwartet wird.

Es sei denn, er hat eigene Vorstellungen davon, wie er glücklich leben möchte und ist fest entschlossen, sie zu verwirklichen. Gleichgültig, ob es den Nachbarn, der Gesellschaft oder der Tourismusindustrie gefällt oder nicht.

Wer nach der Alternative sucht, muß sie selbst entwickeln. Im ersten Teil dieses Buches finden Sie 17 Vorstellungen, nach denen ich zu leben versuche. Ich messe meine Wünsche und Entscheidungen danach. In Zeiten der Selbstzweifel und Fehlschläge geben sie mir Rückhalt, wenn ich das eine oder andere Kapitel wieder und wieder lese.

Damit Sie keinen falschen Eindruck gewinnen, muß ich Ihnen allerdings gestehen, daß ich wohl von Jahr zu Jahr gewisse Fortschritte darin mache, nach diesen Anleitungen zu leben, aber es vergeht kaum ein Tag, an dem ich nicht scheitere oder Rückfälle in mein altes, eingefahrenes Verhalten verzeichnen muß.

Das allerdings stört mich aus zwei Gründen wenig:

- Ich habe im Laufe der Zeit gelernt, Geduld mit mir selbst zu haben und mich so zu mögen, wie ich bin. Also nicht nur mit meinen Stärken und Fähigkeiten, sondern genauso mit meinen Schwächen, Launen und Häßlichkeiten.

- Ich habe begriffen, daß es keiner besonderen Leistung bedarf, in guten Zeiten mit mir zufrieden zu sein. Die Kunst besteht vielmehr darin, auch im größten Unglück glücklich sein zu können. Und um es in dieser Kunst zur Meisterschaft zu bringen, darf ich mich nicht nur heute und morgen darum bemühen, sondern Tag für Tag für den Rest meines Lebens.

Der Vorteil, seine eigenen Vorstellungen schriftlich festgelegt zu haben, besteht darin, einen Rettungsring zu besitzen, an den Sie sich klammern können, wenn Sie befürchten unterzugehen. Den Ringen, die uns in Zeiten der Not von anderen zugeworfen werden, geht nicht selten schon die Luft aus, wenn wir mit beiden Händen danach greifen.

1.
Das wirkliche Glück ist die Harmonie aller Dinge, die unser tägliches Leben bestimmen

Seit mehr als zwanzig Jahren wiederholt sich für mich an jedem Morgen dasselbe Ritual. Ich setze mich in eine stille Ecke, schließe die Augen und atme ganz ruhig, bis sich Geist und Körper entspannen. Dann stelle ich mir vor, wie sich alle Gedanken, Sorgen und Vorurteile von mir lösen und davonfliegen wie ein Schwarm Tauben, wenn ein Hund sie im Park auseinanderjagt.

Wenn ich dann spüre, wie Ruhe in mich einkehrt, sage ich mir zehnmal im Geist die Formel vor: »Ich bin jetzt eins mit mir und dem ganzen Kosmos.«

In meinem »Lebensbuch« nenne ich diese tägliche Übung »Die große Einheit«. Es ist meine ganz persönliche Art, in dieser Welt des ständigen Wechsels zwischen Ordnung und Chaos in mir Ruhe zu finden.

»Eins zu sein mit sich und dem Kosmos«, fragen Sie jetzt vielleicht ein wenig verwirrt, »was soll denn das heißen?« Es bedeutet, daß wir nur glücklich sein können, wenn alle daran beteiligten Komponenten miteinander in Einklang sind.

Wenn Sie heute ein Auto kaufen, das Sie sich nicht leisten können, steht der Wunsch nicht mit Ihren Möglichkeiten in Einklang. Anfangs macht es Ihnen wahrscheinlich einen Riesenspaß, ein wenig über Ihre Verhältnisse zu leben. Später verdrängen die Sorgen Ihre Freude. Sie sehen sich nach einem neuen, noch tolleren Auto um, obwohl Sie noch jahrelang den Bankkredit für das alte zahlen müssen.

Wunsch und Möglichkeiten wären in Harmonie, wenn Sie das Auto kauften, das Sie sich tatsächlich leisten können.

Ich kenne ein paar Dutzend Menschen, die nur von einem einzigen Wunsch beseelt sind: jemanden zu finden, der sie ehrlich und innig liebt. Manchmal finden sie ihn, aber die Sache hält nicht lange. Wissen Sie warum? Weil diese Leute immer nur daran denken: »Wer liebt mich?« und niemals: »Liebe ich mich eigentlich selbst?«

Wie soll jemand einen anderen Menschen lieben oder von ihm Liebe empfangen können, wenn er sich selbst nicht mag? Sich selbst zu mögen, heißt nichts anderes, als mit sich in Einklang zu sein.

Ich weiß nicht, ob Sie schon jemals diesen großartigen Satz gehört haben, auf den sich die alte chinesische Medizin berief. Er lautet: »Die Disharmonie des Körpers beginnt bei der Disharmonie der Seele.« Sie können ihn heute in fast jedem Krankenhaus auf seinen zeitlosen Wahrheitsgehalt überprüfen: Die Hälfte der Leute, die dort mit chronischen Erkrankungen liegen, leidet in Wahrheit an gebrochenem Herzen, an der Unfähigkeit, ihre Probleme zu lösen, oder daran, daß niemand sie beachtet.

Ihr Körper muß für die Disharmonie ihrer Seele büßen.

In einem Seminar für Lebensplanung beschäftigten wir uns einmal eine Woche lang mit der Frage eines Teilnehmers: »Um welche Komponenten handelt es sich da eigentlich, die ich in Einklang bringen muß, um glücklich sein zu können?« Wir einigten uns auf folgende sieben Punkte:

1. Das Erfolgserlebnis und die Anerkennung, die wir für unsere Leistung erhalten.
2. Die Freude, die uns Geld und Besitz bereiten.
3. Die Entfaltung unserer Gefühle und die Beziehung zu Partner, Sexualität und Familie.

4. Der Lebensstil, der unseren Möglichkeiten entspricht, und die Beachtung der Grenzen, die uns gesteckt sind.

5. Die Vorstellung, die wir davon haben, wer, was und wie wir sein möchten.

6. Unser Körper und das, was wir für unsere Gesundheit tun, um möglichst wenig krank zu sein.

7. Die Entfaltung unserer Phantasie.

Einige Jahre später nahm an einem dieser Seminare ein 45 Jahre alter Direktor eines bekannten Transportunternehmens teil. Er erholte sich gerade von seinem zweiten Herzinfarkt. Die Wochen im Krankenhaus hatten den ehrgeizigen Manager vollkommen aus der Bahn geworfen.

Was ihn am meisten deprimierte, war weniger sein körperliches Gebrechen, sondern die Wahrheit über sich selbst, die ihm dadurch bewußt wurde. Sein Schicksal sagt so viel über die Suche nach persönlichem Glück aus, daß ich Ihnen ein wenig ausführlicher davon erzählen möchte.

Der Direktor hatte die vorangegangenen zwanzig Jahre damit zugebracht, sich in seiner Firma vom Lastwagenchauffeur bis zu einem Chefsessel hochzuarbeiten. Er war mit einer attraktiven Frau verheiratet, hatte eine Tochter, und er genoß alle Annehmlichkeiten, mit denen er der Umwelt zeigen wollte, wie tüchtig er war.

Sein Glück waren die Karriere und die Bestätigung, besser zu sein als andere. Eine Glücksvorstellung, die er von allen anderen persönlichen Bedürfnissen völlig isoliert zu sehen schien.

Mit den weiter oben erwähnten sieben Lebenskomponenten verglichen, heißt das:

● Er verwendete Geld und Besitz vorwiegend dazu, sich Geltung zu verschaffen. Sich etwas zu leisten, was ihn ganz einfach nur glücklich machte, kam ihm gar nicht in den

Sinn. Was er nicht stolz herzeigen konnte, war für ihn nichts wert.

- Erfolg war im Laufe der Zeit der Ersatz für Familiensinn oder Sexualität geworden. Deshalb fiel es ihm gar nicht auf, daß seine hübsche Frau mit seinem Geld einen Studenten aushielt, mit dem sie eine leidenschaftliche Beziehung unterhielt.
- Der Drang nach Erfolg und Selbstbestätigung war dem Direktor längst außer Kontrolle geraten. Kaum hatte er ein Ziel erreicht, setzte er sich ein noch höheres. Niemals dachte er auch nur eine Minute daran, wo für ihn die Grenze des Möglichen sein könnte.

Allerdings nur bis zu jenem Vormittag im Büro, als er in der Brust einen heftigen Schmerz verspürte, und man ihn im Krankenwagen in die Intensivstation brachte. Der Infarkt war das logische Ergebnis der völligen Mißachtung seines Körpers, der Familie, der inneren Harmonie und seiner Gesundheit. »Mich«, pflegte er vorher strahlend zu erklären, »hält nur der Erfolg gesund und fit.«

Schon diese vier Punkte zeigen auf eindrucksvolle Weise, wie gewaltig die Disharmonie dieses Mannes mit sich selbst gewesen sein muß. Er unterwarf sich einem einzigen Ziel, bis ihn die Folgen der vernachlässigten Komponente »Gesundheit« von einer Sekunde zur anderen zu Boden streckten.

Alle, vor denen er bisher als der große unbesiegbare Held erscheinen wollte, bedauerten ihn jetzt. Bei anderen, die gewußt hatten, daß seine Frau ihn betrog, war sein strahlendes Erfolgsimage schon lange angekratzt. Denn wie so oft war er selbst einer der wenigen gewesen, die davon nicht die geringste Ahnung hatten.

Unser Direktor hatte im Grunde genommen auf seine Weise nichts anderes getan, als das, wozu die Gesellschaft uns anleitet: Die Zerstückelung des Einzelmenschen und seines Lebens in viele kleine Teile, bis er sich selbst in seinen wichtigsten Funktionen nicht mehr überschauen kann.

Das ist der Zustand, in dem das eigene Leben unserem Einfluß entgleitet und wir immer mehr von den Experten und Autoritäten und ihrer Hilfe abhängig werden.

Schauen Sie sich um, und Sie sehen das Ergebnis dieser Entwicklung in ungezählten Situationen des Alltags.

- Unsere sexuelle Befriedigung wird längst nicht mehr vom eigenen Instinkt, der Spontanität, den natürlichen Bedürfnissen und unserer Phantasie bestimmt, sondern von an Universitäten in allen theoretischen Aspekten geschulten Sexualwissenschaftlern, Therapeuten und Psychologen und dem, was in den Medien darüber verbreitet wird.

- Der natürliche Vorgang des Gebärens wurde zu einem medizinischen Eingriff degradiert.

- Aus den täglichen Zeitungsberichten können Sie sehen, daß viele Leute einfach nicht mehr imstande sind, ihre Probleme mit anderen in einem offenen Gespräch zu lösen. Sie überlassen es Rechtsanwälten und Gerichten.

- Gar nicht zu reden von der Unfähigkeit vieler Menschen, mit dem Partner gemeinsam dem Leben mehr Glück abzuringen, als man allein erreichen könnte.

Statt selbst die Harmonie der Zusammenhänge herzustellen, die unser Glück bestimmen, geben wir unsere ungelösten Probleme sozusagen außer Haus zur Reparatur. Was wir zurückbekommen, sind Patentlösungen, die vielleicht jeden Beteiligten ein klein wenig glücklich machen, aber niemanden ganz.

Nichts ist dafür so typisch wie der Umgang der meisten Menschen mit dem Schmerz. Wenn sie ein Kopfweh quält, fühlen sie sich von ihrem Körper im Stich gelassen. Sofort ist der Gedanke da: »Wer kann mir helfen?« Sie nehmen eine Tablette, und wenn sie hilft, ist der Fall vorerst einmal vergessen.

Haben Sie in dieser Situation schon einmal folgendes überlegt: »Mit dem Schmerz signalisiert mir mein natürliches Warnsystem, daß irgendwo in mir etwas nicht richtig funktioniert. Ich muß die Ursache herausfinden und den Fehler an der Wurzel beheben.«

Um es anders auszudrücken: Ich muß die Harmonie der Komponenten wieder herstellen, die für mein Kopfweh verantwortlich sind. Vielleicht sind meine Stirnhöhlen entzündet, oder in meiner Wirbelsäule stimmt etwas nicht. Möglicherweise kommt das Kopfweh gar nicht aus dem Körper, sondern von einem Problem, das an mir nagt, weil ich ihm zu lange aus dem Weg gegangen bin.

Nichts davon kann durch eine Tablette geheilt werden. Auch wenn sie noch so schnell den Schmerz vergessen läßt.

Vergessen läßt? Nicht einmal das ist richtig.

Ein Schmerz, dessen Ursache Sie nicht beseitigen, quält Sie auf irgendeine Weise immer weiter. Er verfolgt Sie, er multipliziert sich, er taucht in Ihren Alpträumen auf. Er macht Sie zum Alkoholiker oder bricht irgendwann einmal als körperliche Katastrophe aus.

Das ist es wohl, was die alten Chinesen meinten, als sie vor 2000 Jahren zu dem Schluß kamen: »Die Disharmonie des Körpers beginnt bei der Disharmonie der Seele.« Wenn wir uns nicht darum bemühen, die Zusammenhänge unseres Unglücks wieder miteinander in Harmonie zu bringen, haben wir nicht die geringste Chance auf ein dauerhaftes Glück.

»Eins zu sein mit sich und dem Kosmos« heißt im Grunde genommen nichts anderes, als unser Handeln nach zwei Erfordernissen auszurichten:

1. Wir erkennen, was für uns richtig ist, und tun es.
2. Wir fügen uns in eine große natürliche Ordnung des Kosmos ein, an der wir nichts, aber auch wirklich nichts ändern können.

Die meisten Menschen, die ich kenne, leben weder mit sich, noch mit einer großen Ordnung in Einklang, die kein vernünftiger Mensch in Frage stellen wird. Sie wissen nicht, was sie wollen, geschweige denn, daß sie wüßten, wer sie wirklich sind.

Sich täglich ein- oder zweimal still in eine Ecke zu setzen und in sich hineinzuhören, um die Harmonie zu finden, ist sicherlich nicht die alleinseligmachende Lösung für unser persönliches Glück. Aber wenn Sie mir nach 20jähriger Erfahrung glauben wollen, kann ich Ihnen versichern: Es kann der erste entscheidende Schritt dazu sein.

Vorausgesetzt natürlich, Sie nehmen die Sache ernst und geben nicht schon nach ein paar Wochen oder Monaten auf, weil keine Wunder geschehen.

Nur wenn Sie sich täglich bemühen, können Sie auch täglich in der Beschäftigung mit sich selbst den nächsten kleinen Schritt erkennen, der Sie ein Stück weiterbringt.

2.
Wer auf ein besseres Morgen hofft,
versäumt das Gute im Heute

Das einzige, was sein Leben erträglich mache, hörte ich
kürzlich jemanden im Radio sagen, sei die Hoffnung auf ein
besseres Morgen. Er meinte auch, wir alle hätten die verdammte Pflicht und Schuldigkeit, mit allen uns zur Verfügung stehenden Kräften dafür zu sorgen, daß es unseren
Kindern und Kindeskindern einmal nicht schlechter ginge.
Davon, daß wir für unser eigenes Glück schon heute sorgen
sollten, sagte er nichts.
Dieser Mann, irgendein Professor, sagte die Sätze mit der
selbstgefälligen Sicherheit einer Autorität, die weiß, wo das
Leben langgeht. Ganze Heerscharen solcher Autoritäten sind
ständig unterwegs, um uns das »Prinzip Hoffnung« zu verkünden.
Wissen Sie, was ich glaube? Ich glaube, daß sie uns zum
Narren halten. Sie täuschen uns vor, daß irgendwann einmal
irgend jemand käme, um auf wundersame Weise alles, was
wir heute versäumen, zum Besseren zu wenden.
Aber wohin ich auch schaue, ich kann nirgendwo auch nur
einen einzigen dieser Wunderheiler entdecken. Ganz im Gegenteil: Von Zeit zu Zeit stelle ich fest, daß jene Hoffnungs-
träger, von denen sich ungezählte Menschen Hilfe erwarten,
selbst hilflos sind. Sobald wir das erkennen, bleiben uns zwei
Möglichkeiten:
1. Wir sehen uns beizeiten nach jemand anderem um, dem

wir wieder einmal ein besseres Morgen anvertrauen können.

2. Oder wir besinnen uns darauf, was wir selbst für uns tun können.

Die wirkungsvollste Maßnahme besteht darin, bewußt im Hier und Heute zu leben. Statt auf ein besseres Morgen zu hoffen, sollten wir jetzt schon aus unserem Leben das Beste machen.

Die Hoffnung ist für viele Menschen nichts anderes, als der Versuch, die Verantwortung für die Lösung eines Problems einem ungewissen Schicksal zu übertragen.

Ähnlich verhält es sich mit der Zukunftsangst. Wir haben nur dann einen Grund, uns vor der Zukunft zu fürchten, wenn wir heute nicht alles uns Mögliche unternehmen, um keine Angst vor dem Morgen haben zu müssen.

Oder, um es anders zu sagen: Wer sich selbst heute glücklich macht, braucht sich nicht auf die ungewisse Hoffnung zu verlassen, daß irgendwann jemand kommt, der es für ihn tut.

Ich war im vergangenen Sommer – wie jedes Jahr – eine Woche in den Bergen unterwegs. Mit Rucksack, Schlafsack, Kochgeschirr und auch sonst gut ausgerüstet, stieg ich auf 2000 Meter hinauf und marschierte dort acht, neun Stunden am Tag allein durch das felsige Gelände, um mich selbst im Hier und Jetzt zu erleben.

Am zweiten Tag meiner Wanderung begann es zu regnen. Als ich dann immer höher hinaufstieg, schneite es mitten im August. Später kam wieder die Sonne aus den Wolken hervor und weichte den Schnee auf. Das alles machte das Gehen im Fels ziemlich gefährlich. Ein einziger falscher Schritt kann bedeuten, daß man sich hundert Meter tiefer mit zerschlagenen Knochen wiederfindet. Jeder Augenblick, in dem man an etwas anderes denkt als an den nächsten Schritt, bedeutet Gefahr.

Ich spürte wie selten zuvor die Bedeutung des Augenblicks im Gefüge meines ganzen Lebens. Wenn ich nicht in diesem Augenblick mit allen meinen Kräften das Richtige tue, erlebe ich vielleicht den nächsten nicht mehr.

Haben Sie schon einmal über die Bedeutung des Augenblicks für Ihr Leben nachgedacht?

Sie können jahrelang von der Erfüllung eines Wunsches träumen. Jeder Tag gibt Ihnen genügend Zeit, Entscheidungen abzuwägen oder Problemen aus dem Weg zu gehen. Aber alles, was Sie tun oder nicht tun, entscheidet sich in einem einzigen Augenblick.

In dem Augenblick, in dem Sie ja oder nein sagen.

Solche Momente bestimmen oft über den Rest unseres Lebens, über Sieg oder Niederlage, Unglück oder Glück. Wenn wir jetzt und hier die falsche Entscheidung fällen, nützt es uns gar nichts, darauf zu hoffen, daß sich trotzdem irgendwie alles zum Besseren verändert.

Ich weiß selbst nicht genau, warum ich Jahr für Jahr in den Bergen herumklettere, um dann abends, im Schlafsack unter freiem Himmel, zu solchen Erkenntnissen zu kommen. Im Grunde genommen besteht doch unser ganzes Leben aus nichts anderem als aus der Konfrontation mit Augenblicken. Ständig sehen wir uns Entscheidungen gegenüber, die unser Glück betreffen.

Die Frage ist:

- Fällen wir sie, oder verschieben wir sie auf später?
- Sagen wir jetzt aus reiner Gefälligkeit ja und leiden dann tagelang darunter, wieder einmal nachgegeben zu haben?
- Sagen wir nein, nur aus Angst, es könnte irgend jemandem nicht in den Kram passen, was uns so viel Spaß gemacht hätte?
- Oder tun wir das, was diesem Augenblick entspricht?

»Ich habe damals vor 20 Jahren meinen Mann nur geheiratet, weil ich meine ewig nörgelnde Mutter einfach nicht mehr ertragen konnte. Er war der erste Mensch, der nie ein unfreundliches Wort zu mir gesagt hat. Irgendwie hoffte ich, daß ich ihn eines Tages auch lieben könnte.« Sätze wie diese sind uns allen vertraut. Nicht selten gebrauchen wir sie in verschiedenen Variationen selbst.

Sie sind nichts anderes, als ein Hinweis darauf, daß wir Tage oder sogar Jahre darunter leiden, wenn wir einem Augenblick der Entscheidung nicht gerecht werden konnten.

Was mich betrifft, so habe ich mein Leben in drei Dimensionen eingeteilt:

- Der Rest meines *Lebens*, für den ich meine konkreten Vorstellungen aufgeschrieben habe.
- Der einzelne *Tag*, an dem ich meine Vorstellungen des glücklichen, freien Lebens erfülle, so gut ich kann. Ohne Angst vor der Zukunft, weil ich ja gar nicht weiß, ob ich den nächsten Morgen oder die Autofahrt am Montag von unserem Bauernhaus in die Stadt überlebe.
- Der *Augenblick* des Hier und Jetzt, in dem ich das tue, was dieser Augenblick erfordert.

Ich stelle mir vor, daß jeder Augenblick meines Lebens unwiederbringlich ist. Wenn ich gerade jetzt etwas tun soll, weil die Zeit dafür reif ist, kann ich es später nie wieder so tun, wie es erforderlich gewesen wäre.

Sie sollten vielleicht jetzt mit Ihrem Partner eine Entscheidung fällen, über die Sie eine Woche lang nachgedacht haben. Jetzt wissen Sie, was zu tun wäre. Die Zeit ist reif. Sie spüren ganz deutlich, daß es keinen Sinn hat, die Sache auch nur einen einzigen Tag hinauszuschieben.

Fällen Sie die Entscheidung und handeln Sie, oder gehen Sie ihr weiter mit allerhand routinierten Entschuldigungen aus dem Weg?

Wenn Sie davor flüchten und sich sagen: »Ach was, morgen ist auch noch ein Tag«, passiert folgendes: Sie nehmen die Lösung, für die heute die Zeit reif ist, mit in das Morgen hinüber. Dort aber warten neue Entscheidungen auf Sie, die morgen gefällt werden sollten, weil dann dafür die Zeit reif ist.

Statt für eine einzige Sache heute alle Energie einsetzen zu können, muß sie morgen geteilt werden. Vielleicht gibt es da aber zusätzlich noch das eine oder andere ungelöste Problem, das Sie belastet, weil Sie ihm gestern oder vorgestern schon aus dem Weg gegangen sind.

Wir haben uns in dieser hektischen Zeit daran gewöhnt, nicht nur vor uns selbst, sondern auch vor dem Jetzt davonzulaufen. Prüfen Sie sich einmal selbst, und Sie werden wissen, was ich meine:

- Während wir arbeiten, denken wir an die Probleme, die uns am Abend erwarten.
- Während wir essen, reden wir von der Arbeit.
- Während wir lieben, denken wir daran, ob wir es auch richtig machen, um uns nachher keinen Vorwürfen auszusetzen.
- Während wir eine Entscheidung fällen, überlegen wir uns schon eine Ausrede, mit der wir uns bei einem Fehlschlag nachher aus der Affäre ziehen können.

Und so weiter, und so fort.

Im Grunde genommen leben die meisten Menschen gar nicht im Jetzt. Sie fürchten das Morgen, sie hoffen auf eine bessere Zukunft, sie träumen von den schönen Tagen der Vergangenheit oder klagen voll des Selbstmitleids darüber, wie schön es doch woanders wäre.

Sie sind auf der ständigen Flucht vor sich selbst und den Problemen, die sie jetzt lösen sollten. Für diese Flucht haben wir eine eigene Sprache erfunden. Wir alle kennen und gebrauchen sie täglich mit Floskeln wie:

- »Bevor ich mich blamiere, lasse ich es lieber bleiben.«
- »Es ist besser, wir reden nicht mehr darüber, sonst streiten wir ja doch wieder.«
- »Ich weiß ja, daß ich es heute tun sollte. Aber morgen ist schließlich auch noch ein Tag.«
- »Das überlasse ich lieber den Leuten, die mehr davon verstehen.«
- »Ich schließe mich der Mehrheit an.«

So tragen wir also das Gestern und Vorgestern herüber ins Heute. Weil uns alles inzwischen zuviel geworden ist, verschieben wir die Erledigung auf morgen.

Das ist die Zeit-Dimension, in der die meisten von uns leben. Immer auf der Flucht davor, im Jetzt das zu tun, was jetzt fällig wäre. Wann immer etwas getan werden sollte, flüchten sie mit dem schwachen Trost: »Ich weiß, daß ich es jetzt tun sollte. Aber leider habe ich keine Zeit.«

Sie laufen vor der Realität des Jetzt davon, und fast immer ist das auch eine Flucht vor sich selbst. Denn im Hier und Jetzt zu leben, heißt nichts anderes, als sich selbst hier und jetzt so zu erfüllen, wie es dieser Augenblick erfordert.

Wenn wir sagen: »Das kann ich nicht«, flüchten wir in die unbestimmte Hoffnung, daß wir das, was jetzt zur Bewältigung einer Aufgabe erforderlich wäre, später einmal gelernt haben werden. Tatsächlich aber nehmen wir uns mit der Ausrede »Das kann ich nicht« den Ansporn, das dazuzulernen, was erforderlich ist.

Wie sollte ich denn wissen, was ich noch lernen muß, wenn ich nicht durch Handeln festgestellt habe, was mir noch an Erfahrung zur Bewältigung einer Aufgabe fehlt?

Statt zu sagen, »Das kann ich nicht, da warte ich lieber, bis ich mehr weiß«, würde das Leben im Jetzt die Entscheidung erforderlich machen: »Ich tue das, was jetzt getan werden muß. Mit den Fähigkeiten, die ich jetzt besitze. Wenn es gelingt, ist es gut. Wenn nicht, werde ich wissen, was ich noch lernen muß.«

Alles das, was ich Ihnen da über das Leben im Hier und Jetzt erzähle, mag für Sie ein wenig theoretisch klingen. Aber es ist unser Alltag. Wenn wir am Abend voll hektischer Unruhe unkonzentriert den Autoschlüssel verlegen und ihn am Morgen – natürlich wieder in Eile – suchen müssen, dann ist das nichts anderes als das, worum es hier geht.

Wir haben in dem Augenblick, in dem wir den Schlüssel auf den richtigen Platz hätten legen sollen, an etwas ganz anderes gedacht. Wir waren mit unseren Gedanken nicht hier, um jetzt das Richtige zu tun. Diese Konzentration hätte nur einen Augenblick erfordert. Einen kleinen Augenblick. Am nächsten Morgen wird es zehn oder fünfzehn Minuten dauern, um den Schlüssel zu suchen. Vergeudete Zeit. Gar nicht zu reden von der Energie, die wir dafür verwenden, uns über die Schlamperei zu ärgern.

Erinnern Sie sich noch an meine Übung, vor der ich im vorangegangenen Kapitel erzählte? Wenn ich mich eine Viertel- oder halbe Stunde still in eine Ecke setze, ruhig atme und warte, bis sich Körper und Geist entspannen?

Ich denke dann die Formel: »Ich bin eins mit mir und dem ganzen Kosmos.« Erinnern Sie sich?

Schon die einfache Tatsache, daß ich mich seit über zwanzig Jahren täglich hinsetze, um mit mir zu reden und in mich hineinzuhorchen, ist für mich die beste Gelegenheit, das Leben im Hier und Jetzt zu trainieren.

In den ersten Jahren hatte ich damit große Schwierigkeiten. Ich sagte oft: »Ach was, es genügt ja, wenn ich es übermorgen

mache.« Oder ich flüchtete mich in die klassische Ausrede:
»Heute früh habe ich dazu aber wirklich keine Zeit.«

Inzwischen habe ich mich längst dafür entschieden, daß es in
meinem Leben nichts, aber auch wirklich nichts Wichtigeres
gibt als mich und das, was ich hier und jetzt tun muß, um
mich glücklich zu machen.

Glauben Sie mir: Wenn wir erst einmal damit angefangen
haben, uns an jedem Tag eine Viertelstunde lang immer besser
mit uns anzufreunden, dann ist das schon ein Schritt weiter
auf dem Weg zu einem glücklichen Leben.

Und noch etwas: Niemand kann uns daran hindern. Es sei
denn, wir selbst.

3.
Was es bedeutet, für den Rest seines Lebens einem eigenen Plan zu folgen

Die meisten Menschen können ihr Leben in zwei Abschnitte einteilen. In die Periode, in der wir von anderen Leuten nach deren Vorstellungen erzogen werden. Und in die Zeit, die wir damit zubringen, mit den verheerenden Auswirkungen dieser Erziehung fertig zu werden.

Manche schaffen es, sich im Laufe ihrer Entwicklung von den Ketten zu befreien, die ihnen die Gesellschaft angelegt hat. Die meisten aber resignieren, weil es ihnen nie gelingt, eigene Vorstellungen für ihr Leben zu entwickeln.

Vor Jahren las ich in einer Zeitschrift, die Getränkefirma Coca-Cola habe beschlossen, bis zum Jahre 2000 ihren Umsatz in den Ländern außerhalb der USA um das Dreifache zu steigern. Seither sind die Verkaufsstrategen des Unternehmens dabei, dieses Vorhaben nach einem bis ins Detail festgelegten Plan in die Tat umzusetzen.

Zur Jahrtausendwende werden also in Südafrika, Chile, Norwegen und Korea einige Millionen Menschen mehr als bisher zu dieser Limonade greifen, von der kein Außenstehender wissen darf, woraus sie sich eigentlich zusammensetzt.

Es wird völlig unerheblich sein, ob diese Menschen durstig sind oder nicht. Die Werbung wird ihnen suggerieren: »Trink Coca-Cola, dann bist du jung und gehörst dazu.« Wer diese Botschaft lange und eindringlich genug hört, wird ihr eines Tages folgen.

Genauso wie Coca-Cola haben uns auch Politiker, Staat, Lehrer, Autoindustrie und alle anderen in ihre Pläne einbezogen, die unsere Erziehung zu gutgläubigen, kauffreudigen Bürgern in ihre bewährten Hände genommen haben.

Alle machen ihre Pläne für uns. Haben Sie eigentlich auch einen eigenen Plan für sich?

Die Hinterhältigkeit unserer Erziehung besteht darin, daß sie zu einer Zeit einsetzt, in der wir ihr noch völlig hilflos ausgeliefert sind. Unsere Charaktereigenschaften werden schon im Alter von fünf, sechs Jahren entscheidend geformt. Da glauben wir noch bedingungslos, was man uns sagt.

Unter den Bedrohungen und Ängsten, den Schocks und Widersprüchen dieser Einflüsse leiden viele Menschen ihr ganzes Leben lang. Es sei denn, sie lernen eines Tages aus den Folgen ihrer Erziehung und beginnen, sich selbst nach eigenen Vorstellungen zu erziehen.

Eigene Vorstellungen, Maßstäbe und einen eigenen Plan für sein Leben zu besitzen, nach dem wir unser Denken und Handeln orientieren können – wissen Sie, was das heißt? Es heißt:

- Wir brauchen niemanden mehr zu fragen, was wir tun dürfen, weil wir selbst wissen, was für uns richtig ist.

- Wir besitzen eigene Maßstäbe, an denen wir alles, was wir tun wollen, messen können.

- Wir brauchen nicht mehr Lob und Anerkennung anderer Leute, weil wir selbst beurteilen können, wie gut wir sind. In Zeiten innerer Krisen gibt uns ein schriftlich festgehaltener Plan einen Halt. Wir sind nicht mehr auf den Trost anderer Leute angewiesen.

- Wir können alles, was wir getan haben, mit dem vergleichen, was wir tun wollten, und dabei aus den Fehlern lernen.

Das klingt doch ziemlich einleuchtend, finden Sie nicht auch? Trotzdem gibt es ungezählte Gründe, warum so viele Menschen lieber gehorsam nach den Plänen anderer Leute leben, statt nach ihren eigenen. Hier sind drei der häufigsten Gründe:

1. Sie machen keine Pläne, weil sie es sich von vornherein nicht zutrauen, sie erfüllen zu können. Sie sagen: »Wenn ich mir nichts vornehme, kann auch nichts schiefgehen.«

2. Sie warten lieber ab, was alle anderen tun, um ihnen im Schutz der Masse zu folgen – gleichgültig wohin. Das erspart es ihnen, mühevoll den eigenen Weg zu suchen.

3. Sie haben Angst davor, bei der Mitwelt anzuecken, weil sie nie gelernt haben, eigene Wünsche entschlossen durchzusetzen. Zu lange hat man sie dazu erzogen, sich anzupassen, einzuordnen und zu gehorchen.

Wie also macht man seinen eigenen Lebensplan?

Erster Schritt:

Fällen Sie die eindeutige Entscheidung, diesen Plan zu machen. *Ihn zu machen.* Vielleicht erscheint es Ihnen übertrieben, das zu betonen. Aber glauben Sie mir, ich weiß aus eigener Erfahrung, wie viele Ziele man nur deshalb nie erreicht, weil man von Anfang an mit halbem Herzen dabei war.

Ich erwähne hier nur einige der bewährten Argumente, mit denen wir gelernt haben, eindeutigen Entscheidungen aus dem Weg zu gehen:

- »Je weniger ich riskiere, um so weniger kann ich verlieren.«

- »Wenn es schon nichts nützt – schaden kann es mir auch nicht.«

- »Ich kaufe auf Kredit. Das Geld werde ich dann schon irgendwie zusammenkriegen.«
- »Heiraten wir halt. Wenn es nicht klappt, können wir uns ja wieder scheiden lassen.«
- »Was ich nicht weiß, macht mich nicht heiß.«

Und so weiter.

Viele Menschen kommen nie ans Ziel ihrer Wünsche, weil sie Angst davor haben, sich festzulegen. Sie glauben, aber sie tun es nur ein bißchen. Sie riskieren, aber nicht zu viel. Sie möchten mit möglichst wenig Arbeit möglichst viel Geld verdienen. Sie möchten glücklich sein, aber sie warten ab, bis das Glück zufällig bei ihnen vorbeischaut.

Wenn der eigene Plan die Grundmauer werden soll, auf dem Sie Ihr Glück aufbauen können, genügt es nicht, wenn Sie sich ein bißchen, ab und zu oder irgendwann einmal damit beschäftigen.

Im Grunde genommen ist es überhaupt nur sinnvoll, wenn Sie Ihre Bemühungen mit der eindeutigen Entscheidung beginnen: »Ich mache jetzt den Plan, nach dem ich für den Rest meines Lebens handeln werde.«

Zweiter Schritt:

Machen Sie eine Inventur Ihrer Vergangenheit. Räumen Sie das Unterbewußtsein von allem, was Sie belastet, um Platz zu machen für Ihre neuen, eigenen Vorstellungen.

Vielleicht ist Ihnen dabei die konkrete Frage von Nutzen: »Welche Ereignisse, Schocks, Verdrängungen und Verwundungen aus meiner Vergangenheit hindern mich heute noch immer daran, so glücklich zu sein, wie ich sein möchte?«

Diesen Vorgang der Selbstentrümpelung sollte man nicht auf die leichte Schulter nehmen. Er kann Tage oder Wochen dauern. Diese Zeit sollten Sie sich nehmen. Wichtig dabei ist vor allem: Schrecken Sie vor nichts zurück.

Ich lernte diese Methode, mit seiner Vergangenheit Inventur zu machen, an einer amerikanischen Universität kennen. Zwei Tage und eine Nacht brachte ich mit fünf Leuten damit zu, im Kreis herumzusitzen, unsere Vergangenheit voreinander auszubreiten und darüber zu diskutieren.

Nie hätte ich gedacht, daß dieses Erlebnis so atemberaubend sein könnte. Manche rissen sich unter Tränen und Schreien ihre intimsten Geheimnisse buchstäblich aus dem Unterbewußtsein. Sie hatten es vorher nie gewagt, mit jemandem darüber zu sprechen.

Eine junge Frau erzählte einen halben Vormittag lang, wie sie als Kind von ihrem Vater mißbraucht worden war. Nicht ein- oder zweimal, sondern ständig, von ihrem sechsten bis zu ihrem zwölften Lebensjahr. Was sie dabei am meisten verletzte, so brach es aus ihr heraus, war die Tatsache, daß ihre Mutter es gewußt, aber nichts dagegen unternommen hatte.

Natürlich ist das ein extremes Beispiel. Ich erwähne es aus zwei Gründen. Einerseits zeigt es, wie ernst es manchen Menschen damit ist, ihre Vergangenheit zu bewältigen. Andererseits habe ich seither nie wieder auf so eindrucksvolle Weise erlebt, wie befreiend es für jemanden sein kann, einen verdrängten Kindheitsschock in allen quälenden Einzelheiten auszusprechen.

Dritter Schritt:

Befreien Sie Ihre Phantasie aus dem Käfig, in den die Erziehung zum Wohlverhalten sie eingesperrt hat. Lassen Sie Ihre Gedanken fliegen. Verschaffen Sie Ihren unterdrückten Wünschen, Sehnsüchten und Träumen freien Lauf.

Denken Sie hemmungslos und schreiben Sie alles auf, was Ihnen zu diesem Thema einfällt. Verhindern Sie keinen Gedanken mit Killerphrasen wie: »Das ist ja verrückt«, »So etwas sollte man nicht einmal denken« oder »Das könnte ich mir ja doch niemals erfüllen.«

Vierter Schritt:

Bringen Sie Vergangenheit und Zukunft, Wunden der Kindheit und Wunschträume mit der Realität des Heute in Einklang. Setzen Sie aus dem, was Sie jetzt über sich wissen, wie ein Mosaik den Plan zusammen, der Ihren persönlichen Vorstellungen entspricht.

Erinnern Sie sich an die sieben Punkte der Lebensplanung, von denen in einem früheren Kapitel die Rede war? Greifen Sie darauf zurück, wenn Sie nach einem Gerüst für Ihre Planung suchen.

Vielleicht können Ihnen auch folgende Fragen dabei von Nutzen sein:

- »Übe ich wirklich den Beruf aus, den ich ausüben möchte?«
- »Verdiene ich mehr, als ich tatsächlich brauche, um glücklich leben zu können?«
- »Mit welchen Menschen vergeude ich viel Zeit, obwohl es mir gar keinen Spaß macht?«
- »Warum gehe ich alle diese Jahre dem entscheidenden

Gespräch mit meinem Partner aus dem Weg, statt endlich das Problem zu lösen, das unsere Beziehung belastet?«

- »Mit welchen Sorgen quäle ich mich schon seit Jahren herum, obwohl ich mich mit einem einzigen klaren Ja oder Nein davon befreien könnte?«
- »Worauf sollte ich verzichten – und warum habe ich es nicht längst getan?«

Es könnte sein, daß diese geballte Ladung an Anregungen Sie ein wenig verwirrt. Vielleicht neigen Sie sogar zu der Ausrede: »Wenn es so schwierig ist, einen Plan für die Zukunft zu machen, dann lasse ich es lieber bleiben.«

Was mich betrifft, so weiß ich nach jahrelanger Erfahrung: Ich kann nicht an einem einzigen Tag den Plan für mein ganzes Leben machen. Er muß vielmehr in mir reifen, bis sich jeder Schritt ganz von selbst ergibt.

Je ernsthafter ich mich damit beschäftige, um so klarer werden die Zusammenhänge.

Wenn Sie sich dazu entschließen können, täglich ein- oder zweimal eine Viertelstunde lang entspannt an einem ruhigen Ort in sich hineinzuhorchen, werden Sie mit Sicherheit nach einiger Zeit verstehen, was ich meine. Was den Plan für den Rest Ihres Lebens angeht, so werden Sie in den folgenden Kapiteln noch zahlreiche Hinweise darauf finden.

4.
Die Entscheidung, mehr an sich selbst zu glauben als an irgend jemand anderen

Wissen Sie, worin der Unterschied zwischen Glaube und Zweifel besteht? Er liegt in dem kleinen Wörtchen »nicht«. Wenn Sie sagen: »Ich schaffe es«, dann ist es der Ausdruck des Glaubens, daß Sie etwas schaffen. Wenn Sie sagen: »Ich möchte schon, aber ich fürchte, daß ich es nicht schaffe«, gestehen Sie ein, nicht an sich und Ihre Fähigkeiten zu glauben.

Woran – denken Sie – liegt es, daß die einen an sich glauben und Berge versetzen? Und andere zögern, zweifeln und scheitern ein ganzes Leben lang?

Als man vor einigen Jahren bundesdeutsche Bürger befragte, woran sie glaubten, erklärten 98 Prozent: an Gott, an den Partner, an eine bessere Zukunft, die Gerechtigkeit, den Fortschritt und so weiter. Nur zwei von hundert gaben an, sie glaubten an sich selbst.

Warum glauben so viele Leute an alles mögliche, manchmal sogar an die größten Lügen, nur nicht an sich selbst? Es ist die alte Geschichte: Man hat es ihnen von Kindheit an ausgeredet. Das kritische, egoistische Bewußtsein wurde durch die Botschaft verdrängt: »Du bist nichts. Du weißt nichts. Glaube denen, die es besser wissen, sonst bist du verloren.«

Sagen Sie doch einmal langsam und eindringlich diesen Satz vor sich hin: »Ich glaube an mich *mehr* als an irgend jemand anderen in der Welt.«

Was empfinden Sie dabei? Fühlen Sie sich wohl?

Wenn ich manchmal in Seminaren die Teilnehmer zu dieser Übung anrege, weiß ich immer schon im voraus, wie sie reagieren werden. Sie denken eine Weile angestrengt nach, dann beginnen sie mit den Worten: »Ja schon, aber...« Es folgen lange Ausführungen, warum das alles nicht so einfach sei.

Dabei konnte mir bisher noch niemand einleuchtend erklären, warum es nicht einfach sein sollte, an sich zu glauben. In Wahrheit ist es doch viel schwieriger, anderen Leuten und ihren Ideen Glauben zu schenken.

Da behauptet jemand, es gebe einen Gott, der alles sieht, alles hört, alles lenkt, nur unser Bestes will und uns Glück und Frieden bringt. Tatsache ist: Wir haben nicht den geringsten Hinweis darauf, daß es einen Gott mit dieser Absicht wirklich gibt.

Jeder kann erkennen, daß Gott – falls er doch existiert – den Menschen bisher weder Glück noch ewigen Frieden brachte. Eher sieht es danach aus, daß er tatenlos zusieht, wie sich die Menschen gegenseitig das Leben zur Hölle machen.

Trotzdem glauben Millionen an diesen Gott. Haben Sie eine Ahnung, warum sie das tun? Ich weiß es nicht.

Was mich allerdings brennend interessiert, ist eine handfeste Art von Glaube. Ein Glaube, der mich hier und heute weiterbringt, statt mich durch Widersprüchlichkeiten doch nur immer wieder zu verwirren.

»Ein Glaube, der mich hier und heute und für den Rest meines Lebens weiterbringt.« Verstehen Sie, was ich meine? Wenn ich als kleiner Junge meinem Religionslehrer mit allen möglichen Fragen über dieses Thema auf die Nerven fiel, kam er meistens auf einen Satz zurück, den ich wohl nie vergessen habe. »Hilf dir selbst«, sagte er, »dann hilft dir Gott.«

Ich dachte dann immer: »Wenn mir Gott erst hilft, nachdem ich mir schon selbst geholfen habe, wozu brauche ich ihn dann eigentlich?« Natürlich hatte ich nicht den Mut, meinen Lehrer mit solch provokanten Überlegungen zu ärgern.

Aber finden Sie die Annahme so abwegig, ganz einfach und auf direktem Wege an sich selbst zu glauben, um daraus die Kraft zu schöpfen, die man für ein glückliches Leben braucht?

Ob wir an Gott glauben oder an die Leute, die ihn uns interpretieren, oder an eine andere Autorität, macht im Grunde genommen wenig Unterschied. In allen Fällen überlassen wir es anderen, unsere Erwartungen zu erfüllen.

»Theoretisches Wortgeplänkel«, denken Sie jetzt vermutlich, »die einzig realistische Frage ist und bleibt: Wie lernt man, an sich selbst zu glauben, um daraus die Kraft zu schöpfen, unmöglich Scheinendes möglich zu machen.«

Drei Komponenten sind es, die den Glauben ausmachen:

1. Die Fähigkeit des gezielten Denkens und der Phantasie.
2. Die Entscheidung für den Glauben.
3. Die Konsequenz, diesen Glauben gegen alle Zweifel zu verteidigen.

Ob Sie an einen Gott glauben oder daran, eine Krankheit zu überleben, einen Berggipfel erklettern zu können oder ein Geschäft erfolgreich abzuwickeln, immer sind diese drei Komponenten im Spiel.

Vielleicht haben Sie Mitte der achtziger Jahre auch die Geschichte über den Handelsvertreter Jupp Bahr in den Zeitungen gelesen. Er war 59 Jahre alt, als er seinen ersten Herzinfarkt erlitt. Nach dem Aufenthalt im Krankenhaus ging er ein Jahr weiter seinem Beruf nach, bis ihn ein Schlaganfall halbseitig lähmte.

Nach sechs Monaten in einer Klinik konnte er wieder gehen.

Die Ärzte warnten ihn allerdings eindringlich: »Wenn Sie sich jetzt nicht schonen, haben Sie nicht mehr länger als ein Jahr zu leben.«

Jupp Bahr ging nach Hause. Er hatte zwei Möglichkeiten:

- Entweder er glaubte den Ärzten und gewöhnte sich an den Gedanken, daß es mit ihm bald zu Ende gehen würde. Denn er war absolut nicht der Typ eines Mannes, der sich schont.
- Oder er ersetzte den Glauben an die Prophezeiung der Ärzte durch eine eigene Vision.

Nun, er begann daran zu denken, mit seiner selbstgebauten Yacht die Welt zu umsegeln. Je öfter er sich damit beschäftigte, um so mehr wurde seine Phantasie beflügelt. Natürlich klang ihm anfangs noch die Todesdrohung im Ohr, aber schließlich siegte doch sein Traum über alle Zweifel. Bahr fällte die Entscheidung: »Ich fahre los. Ich schaffe es.«

Er begann mit Fitneßgeräten zu trainieren, bis seine Muskeln stark genug waren. Dann machte er das Boot klar. Von Bremen segelte er nach Teneriffa, über den Atlantik nach Brasilien und in die Karibik. Vier Jahre, nachdem man ihn zur Schonung ermahnt hatte, war er bereits 19 000 Seemeilen auf den Meeren unterwegs und erfreute sich bester Gesundheit.

Lassen Sie mich in diesem Zusammenhang zur Erinnerung noch einmal die drei Komponenten des Glaubens erwähnen, von denen weiter oben die Rede war:

Erstens: Das gezielte Denken und die Phantasie, sich etwas vorstellen zu können, was vielleicht andere Leute für völlig verrückt und unmöglich halten.

Zweitens: Die Entscheidung, daran zu glauben, daß man verwirklichen kann, was man sich in den Kopf gesetzt hat.

Drittens: Die Konsequenz, sich durch nichts vom Glauben an sich und sein Vorhaben abbringen zu lassen. Selbst dann nicht, wenn einem der vorzeitige Tod angedroht wird.

Der Glaube beginnt also beim Denken. Die Frage ist nur, ob wir andere für uns denken lassen oder ob wir selbst es tun. Wenn ich selbst nicht weiß, was ich will, besitze ich keine Vorstellung, an die ich glauben könnte. Das machen sich andere Leute zunutze. Sie beflügeln unsere Phantasie, an das zu glauben, was sie uns glauben machen wollen.

Vermutlich sind folgende Gründe dafür verantwortlich, daß so viele Menschen wild darauf sind, sich an fremde Ideen zu klammern:

1. Man hat ihre Phantasie dadurch verstümmelt, daß man ihnen lange genug einredete, sie sollten ihr Schicksal lieber gescheiteren Leuten überlassen.

2. Sie haben sich daran gewöhnt, an andere Leute zu glauben, um ihnen die Schuld zuweisen zu können, wenn nicht alles so läuft, wie es laufen sollte. »Was ist das für ein Gott«, sagen manche Gläubige, »wenn er nicht hilft, während ich in Not bin?«

3. Sie mögen sich selbst nicht. Manche Leute hassen sich geradezu, weil sie zu dick, zu dünn, zu klein, zu arm, zu dumm oder *nur* eine Hausfrau, ein kleiner Angestellter, ein Arbeiterkind oder ein Versager sind. Warum sollten sie da an sich glauben, wenn sie sich nicht einmal mögen?

Wenn also der Glaube bei unserem Denken und unserer Phantasie beginnt, liegt es an uns, unser Denken in die richtigen Bahnen zu lenken. Das heißt, wir entscheiden uns, nie wieder zu sagen »Das kann ich nicht« oder »Das schaffe ich nie«, sondern uns unerschütterlich einzureden »Ich schaffe es«. Bis wir es tatsächlich schaffen.

Diese einfache Art des positiven Denkens in eigener Sache kann jeder lernen. Er muß nur bereit sein, sie beharrlich einzuüben. Denn genau das ist die Methode, mit der man uns tagaus, tagein alles mögliche so oft vorsagt, bis wir schließlich daran glauben.

Warum sollten wir nicht daraus lernen und uns selbst glaubhaft genug suggerieren, was wir glauben möchten? Versuchen Sie es ganz einfach einmal. Setzen Sie sich während eines Monats einmal an jedem Tag in eine stille Ecke oder gehen Sie allein spazieren. Entspannen Sie sich, atmen Sie ruhig und sagen Sie sich zwanzig- oder dreißigmal: »Was ich mir vornehme, schaffe ich. Ich glaube an mich und meine Fähigkeiten.«

Versuchen Sie es, ohne Wenn und Aber. Wenn Sie sich in allen diesen Jahren von anderen Leuten die verrücktesten Ideen einreden ließen, warum sollten Sie nicht imstande sein, sich selbst den Glauben einzureden, daß Sie imstande sind, alles zu schaffen, was Sie sich ernsthaft vornehmen?

Hören Sie auf, die Glaubensfrage als etwas zu betrachten, das der Religion oder den Ideologen vorbehalten ist. Machen Sie einen praktischen Antrieb für Ihr tägliches Handeln daraus. Machen Sie aus sich selbst den Mittelpunkt Ihres Lebens, statt sich irgendeiner fremden Idee zu verschreiben, um sich aufzuopfern und ausnützen zu lassen.

Definieren Sie den Glauben auf Ihre eigene Weise. Meine persönliche Definition lautet: »Der Glaube ist meine Überzeugung, etwas tun zu können, von dem meine Erfahrung mir sagt, daß ich es nicht kann.«

Es ist schon ein Dutzend Jahre her, als ich für das Fernsehen in Österreich eine Unterhaltungsshow entwickelte. Sie hieß »Tritsch Tratsch«; leiten sollte sie der bekannte Schweizer Moderator Guido Baumann, der sich großer Beliebtheit erfreute.

»Tritsch Tratsch« war viermal ausgestrahlt worden, als Baumann bei einem Verkehrsunfall schwere Verletzungen erlitt und für längere Zeit ausfiel. Eine Woche vor der nächsten Sendung sagten mir die Leute vom Fernsehen, ich sei der einzige, der sie präsentieren könne.

Nun müssen Sie wissen, daß ich nicht die geringsten Voraussetzungen dafür besaß, 90 Minuten lang in einer Show aufzutreten, die noch dazu direkt ausgestrahlt wurde. Ich sehe weder aus wie ein Entertainer, ganz zu schweigen von dem ausgeprägten Dialekt, den ich spreche. Ich war auch vorher noch nie in meinem Leben vor einer Kamera gestanden.

Das einzige Argument, das die Fernsehleute gegen meine Einwände vorbringen konnten, war ziemlich lendenlahm. Sie meinten: »Du hast diese Show erfunden, also kannst du sie auch präsentieren.«

Als meine beiden Söhne, die damals noch zur Schule gingen, davon erfuhren, meinten sie ernüchternd: »Am Tag nach deinem Auftritt gehen wir nicht in die Schule. Wenn du dich lächerlich machen willst, dann mach das allein.«

In Situationen wie diesen bleiben einem zwei Möglichkeiten:

● Man sagt: »Ich habe das noch nie gemacht, also kann ich es auch nicht. Ende!«

● Oder man sagt: »Ich habe es noch nie gemacht, gerade deshalb will ich wissen, wie es geht. Risiko hin, Blamage her, ich werde es schaffen.«

In der Woche, die mir blieb, aus einem Schriftsteller einen Show-Präsentator zu machen, tat ich zweierlei: Ich übte jeden Tag drei Stunden lang meine Auftritte. Eine weitere Stunde setzte ich mich in mein Arbeitszimmer, sperrte die Türe zu, entspannte mich und sagte mir immer nur die zwei Sätze vor: »Ich fürchte nichts und niemanden. Was auch passiert, ich schaffe es.«

Ich stellte mir eindringlich vor, wie ich es schaffen würde, bis ich nicht mehr den geringsten Zweifel hatte. Ich glaubte ganz fest an mich.

Um es kurz zu machen: Ich präsentierte diese Show in den folgenden fünf Jahren fünfzigmal. Als ich dann damit aufhörte, waren 62 Prozent der Österreicher regelmäßige Zuschauer.

Auf diese Weise erteilte mir der Zufall die erste Lektion, wozu der Glaube an sich selbst uns beflügeln kann. Machen Sie einen Versuch. Es muß ja für den Anfang nicht unbedingt gleich eine Fernsehshow sein.

6.

Warum es besser ist,
rechtzeitig an seine Gesundheit zu denken,
statt hilflos auf die nächste Krankheit zu warten

Vor ein paar Wochen traf ich im Gasthaus des Dorfes, in dem ich mit meiner Familie lebe, einen alten Bekannten. Ich hatte ihn schon längere Zeit nicht gesehen und fragte, wie es ihm so ginge. Er erzählte: »Ich war jetzt einen Monat im Krankenhaus, da haben mir die Ärzte den Magen herausgeschnitten. Aber jetzt bin ich wieder gesund.«

Jetzt war er also wieder gesund.

So oder ähnlich ist die Einstellung der meisten Menschen zu ihrer Gesundheit und zu ihrem Körper. Sie betrachten sich erst dann als gesund, wenn der Arzt sie von einer Krankheit befreit hat. Oder wenn er ihnen nach zahlreichen Untersuchungen beruhigend mitteilt: »Ich habe nichts gefunden. Sie sind gesund.«

Ist das nicht eine höchst eigenartige Einstellung? Trotzdem entspricht sie einer Tendenz unserer Zeit, die Krankheit zu einer Art Kult zu erheben. Hören Sie sich doch einmal nur in Ihrem Bekanntenkreis um. Sie werden feststellen, daß die meisten Leute Ihnen viel bereitwilliger und ausführlicher über ihre Krankheiten erzählen als über ihre Gesundheit.

Sie können sich aber auch selbst prüfen, indem Sie nacheinander diese zwei Fragen beantworten:

1. Frage: An welchen Krankheiten litt ich in den vergangenen fünf Jahren?

2. Frage: Was habe ich in den vergangenen fünf Jahren konkret für meine Gesundheit getan?

Zu welchem Ergebnis Sie dabei auch kommen mögen, ich möchte keinesfalls versäumen, Sie mit den drei faulsten Ausreden bekannt zu machen, mit denen sich meiner Erfahrung nach sehr viele Menschen selbst belügen:

- »Ich wüßte ja, was ich für meine Gesundheit tun sollte. Aber ich habe einfach keine Zeit dazu.«
- »Wenn mir der Arzt einmal sagen sollte, ich müßte unbedingt mit dem Rauchen aufhören, würde ich es von einem Tag auf den anderen tun. Aber bis jetzt habe ich noch nicht die geringsten Beschwerden.«
- »Zweimal im Jahr mache ich eine Fastenkur, die bringt mich immer wieder auf Vordermann.«

Das sind drei von ungezählten Argumenten, mit denen sich Millionen Menschen hilflos der Krankheit ausliefern, und natürlich auch jenen Leuten, die gut daran verdienen.

Vielleicht interessiert Sie folgende Behauptung des Schweizer Professors Dr. Wiegenthaler vom Universitätsspital in Zürich:

»Anfang dieses Jahrhunderts gaben die Menschen ein Prozent des damaligen Sozialprodukts für ihre Gesundheit aus. In der Bundesrepublik Deutschland wurden daraus im Jahre 1983 zehn Prozent. Wenn das derzeitige Wachstum weiter anhält, wird im Jahre 2019 das gesamte Sozialprodukt durch Ausgaben für die Gesundheit ausgeschöpft.«

Es ist bezeichnend für den Mediziner Wiegenthaler, daß er das Wort »Gesundheit« gebraucht, tatsächlich aber spricht er davon, daß es die Bekämpfung von Krankheiten ist, die das Sozialprodukt verschlingen wird.

Lassen Sie es mich noch einmal herausstreichen: Wenn Wissenschaftler, Gesundheitsminister, Sozialreferenten und andere Fachleute über unsere Gesundheit reden, dann meinen sie ganz selbstverständlich damit die Gesundheit *nach* der Krankheit.

Das ist nicht im geringsten erstaunlich, denn alle diese Leute, Institutionen und einschlägigen Unternehmen leben ja nicht davon, daß wir ein Leben lang gesund sind. Sie leben davon, daß möglichst viele Menschen möglichst oft krank werden, um gegen Bezahlung wieder gesund gemacht zu werden.

Natürlich steht es jedem von uns frei, auf diese Weise das Geld unter die Leute zu bringen. Aber trägt es dazu bei, daß wir möglichst an jedem Tag unseres Lebens glücklich sind?

Die Kunst, glücklich zu leben, hat also, wie Sie sehen, auch damit zu tun, wie wir zu unserer Gesundheit stehen. Ob wir sagen: »Gleichgültig, wie ich mit meiner Gesundheit umspringe – wenn ich krank bin, werden mir schon die Ärzte helfen.« Oder ob ich mich entscheide: »Damit ich möglichst wenig krank werde, lasse ich nichts, aber auch wirklich nichts unversucht, um gesund zu bleiben.«

Wenn Sie einen Arzt fragen, was Sie dazu beitragen können, um möglichst lange gesund zu bleiben, wird er Ihnen raten: »Lassen Sie sich zweimal im Jahr von mir anschauen, damit wir Krankheiten möglichst frühzeitig erkennen.« Mit anderen Worten, er kann erst etwas für Sie tun, wenn schon die ersten Anzeichen einer Krankheit vorhanden sind.

Was aber können Sie und ich unternehmen, damit sich diese ersten Anzeichen erst gar nicht einstellen? Aus meiner Erfahrung sind die drei wichtigen Dinge:

Erstens: Wir entscheiden uns dazu, selbst alles uns Mögliche tun zu *wollen*. Ohne Ausrede, ohne Zweifel und ohne jedes Hintertürchen.

Zweitens: Wir tun das, was wir als notwendig erkennen, täglich. Nicht jeden zweiten Tag, nicht einmal die Woche oder nur im Urlaub. Sondern täglich.

Drittens: Wir sind uns darüber im klaren, daß unsere Gesundheit nicht bei den Zähnen anfängt und bei der Verdauung aufhört. Unsere Gesundheit ist vielmehr die Harmonie zwischen Geist, Körper und Seele. Was immer Sie unter »Seele« verstehen.

Auch auf die Gefahr hin, daß ich jetzt in Ihren Augen viel an Respekt verliere, muß ich gestehen, daß ich in meinem bisherigen Leben noch nie ein wissenschaftliches Werk über Gesundheit oder Krankheit wirklich ernsthaft studiert habe. Auch über das, was die großen Psychologen und Philosophen über die Gesundheit von Körper, Geist und Seele geschrieben haben, weiß ich nur sehr lückenhaft Bescheid.

Wenn ich also jetzt ausführe, was meiner Meinung nach jeder tun kann, um gesund zu bleiben, dann ist es vorwiegend das Ergebnis meiner eigenen Erfahrung im Umgang mit mir. Als einzige Empfehlung kann ich nur noch einmal vorbringen, daß ich mich für einen außergewöhnlich glücklichen, in meinem persönlichen Rahmen erfolgreichen Menschen halte, der noch keine ganze Woche als Patient in einem Krankenhaus verbringen mußte.

Mein Programm des Wohlbefindens besteht aus folgenden neun Punkten, nach denen ich seit über 35 Jahren mein tägliches Leben einrichte:

1.

Ich mache an jedem Morgen zehn körperliche Übungen. Jede davon hundertmal.

2.

Ich verbringe täglich eine halbe Stunde damit, mit geschlossenen Augen in einer stillen Ecke zu sitzen. Ich atme ruhig und tief, dann stelle ich mir in Gedanken vor, wie glücklich ich bin. Schließlich denke ich nichts mehr, sondern höre in mich hinein, um zu spüren, was mein Körper, mein Geist, mein Gefühl und meine Intuition mir vielleicht mitteilen möchten.

3.

Ich lebe jeden Tag nach einem Plan, den ich mir am Morgen punkteweise in mein Notizbuch schreibe.

4.

Ich esse, wenn ich Hunger habe, und höre auf, wenn ich satt bin. Im Grunde genommen esse und trinke ich alles, was mir schmeckt und beachte nur eine einzige Ernährungsregel: Ich esse genausoviel basische Nahrung, also etwa Gemüse und Salate, wie Saures. Das sind Fleisch, Süßigkeiten oder Alkohol.

5.

Ich gehe Dingen aus dem Weg, von denen ich glaube, daß sie für meinen Körper schädlich sind. Also Zigaretten, Medikamenten oder Mitteln zum Aufputschen oder Beruhigen.

6.

Ich bewege mich an jedem Tag mindestens eine Stunde in der frischen Luft.

7.

Ich benütze regelmäßiges tiefes, ruhiges Atmen und das Mentale Training als wichtigstes vorbeugendes Mittel gegen viele Beschwerden.

8.

Ich gleiche Anspannung bei nächster Gelegenheit durch gezielte Entspannung aus. Das heißt vor allem, daß ich schlafe, wenn ich müde bin, statt mich auf künstliche Weise wach zu halten.

9.

Schließlich mache ich mir mehrmals am Tag klar, daß ich nicht lebe, um zu leiden, zu arbeiten oder mich für das Unglück anderer Leute verantwortlich zu fühlen. Sondern, daß alles zuallererst den einen Sinn hat, mich glücklich zu machen.

Neun Punkte, die Sie vermutlich ein wenig in Erstaunen versetzen, weil sie so gar nicht nach ernstzunehmenden Gesundheitsrezepten klingen. Mir fällt aber mit bestem Willen nichts anderes ein, was ich noch dafür verantwortlich machen könnte, daß ich seit so vielen Jahren gesund und glücklich bin.

Vielleicht gelingt es mir, Ihnen in den folgenden Kapiteln die Zusammenhänge deutlicher zu machen. Wenn es um vorbeugende Gesundheitsmaßnahmen oder das Behandeln von Krankheiten geht, dann allerdings ist nichts so wichtig wie die ganz persönliche Entscheidung für das eine oder das andere. Wer diese Entscheidung gefällt hat, findet meistens sehr bald selbst heraus, was zu tun ist. In diesem Kapitel ging es vor allem darum, Ihnen die Notwendigkeit dieser Entscheidung bewußt zu machen.

6.
Was das Bekenntnis »Ich liebe mich«
in unserem Leben verändern kann

Ob es um die Glaubensfrage geht oder ganz allgemein um unser Lebensglück, alles beginnt bei uns selbst. Wenn wir an andere mehr glauben als an uns selbst, machen wir uns von ihnen abhängig. Wenn wir das Glück von anderen erwarten, wissen wir nie, ob und wann wir ihm begegnen. Das gleiche gilt für die Liebe.

Es vergeht kein Tag, an dem wir nicht von Ehescheidungen hören oder lesen. Fast alle diese Verbindungen begannen mit der magischen Formel »Ich liebe dich« und dem Versprechen, einander beizustehen und zu respektieren. Bis zum Tod.

Warum enden eigentlich so viele dieser im Himmel der Liebe geschlossenen Verbindungen bald in der Hölle der Gleichgültigkeit, der Respektlosigkeit und des Hasses? Haben Sie schon einmal darüber nachgedacht?

Ich meine, es liegt ganz einfach daran, daß so wenige Menschen imstande sind, sich selbst zu lieben. Jeder möchte geliebt, beachtet und respektiert werden und wartet sehnsüchtig darauf, daß andere es tun. Statt sich einmal ernsthaft zu fragen:

● Respektiere ich mich eigentlich selbst?
● Beachte ich mich?
● Liebe ich mich?

Mit der Liebe verhält es sich ähnlich wie mit dem Glauben. Es fällt uns schwer, damit bei uns zu beginnen. Erklären Sie doch einmal dem Meschen, der Ihnen am nächsten steht: »Bevor ich dich lieben kann, muß ich mich zuerst selbst lieben.« Er wird gekränkt sein. Vielleicht nennt er Sie auch einen verdammten Egoisten.

Natürlich hat er damit recht. Sich selbst zu lieben, ist reiner Egoismus. Aber was soll daran schlimm sein, von sich selbst mehr zu profitieren, als andere es tun? Wer Sie einen Egoisten schimpft, ist wahrscheinlich nur wütend darüber, daß Sie nicht bereit sind, sich von ihm ausnützen zu lassen.

Im Grunde genommen wissen wir doch alle, daß wir Egoisten sind. Wir getrauen uns nur nicht, es einzugestehen. Geschweige denn, uns dazu zu bekennen.

Wir alle denken zuallererst an unseren Vorteil, auch wenn es zum Nachteil anderer ist. Sehen Sie sich doch einmal um. Sie werden feststellen, daß die Leute, die am eifrigsten vorgeben, für uns da zu sein, am meisten von uns profitieren.

Jeder weiß auch, daß mit nichts anderem so viel Heuchelei betrieben wird wie mit der Liebe, vornehmlich der Nächstenliebe. Was mich betrifft, so habe ich manchmal den Eindruck, daß Liebe mehr mit Erpressung zu tun hat, als mit dem Wohle anderer Menschen.

Liebe als Instrument der Erpressung. Vermutlich schockiert Sie diese Vorstellung ein wenig. Aber ist es etwas anderes als Erpressung, wenn die liebende Mutter ihrem Kind droht: »Wenn du nicht brav bist, mag ich dich nicht mehr?«

Für unendlich viele Menschen ist die Suche nach der Liebe anderer Menschen nichts anderes als eine Flucht vor sich selbst. Lassen Sie mich diese provokante Behauptung noch einmal wiederholen: »Für viele Menschen ist die Suche nach der Liebe anderer Menschen nichts anderes als eine Flucht vor sich selbst.«

»Ich hasse mich, weil ich so bin, wie ich bin!« Nie werde ich diesen Satz vergessen und den Ausdruck in den Augen einer Frau, als sie ihn bei einem Seminar über Angstbewältigung herausschrie.

Wissen Sie, warum sie sich haßte? Weil ihr Mann nicht müde wurde, ihr zu sagen, daß ihre Brust zu klein, ihre Nase zu groß und sie im Bett eine Niete sei. Aber so oft er sie auch beleidigte, sie fand kein böses Wort für ihn. Sie versicherte uns immer wieder nur: »Egal, was er mir antut, ich liebe ihn.« Sie liebt ihn und haßte sich selbst.

Es war für mich interessant zu beobachten, wie sich die 14 oder 15 anderen Teilnehmer des Seminars über dieses Problem in zwei Gruppen spalteten.

Die einen wollten gar nicht aufhören, auf den Ehemann zu schimpfen. Andere wieder meinten, die Sache wäre doch heutzutage leicht in Ordnung zu bringen. Brüste und Nase könne jeder Schönheitschirurg korrigieren. Na ja, und die Sache mit dem Bett, da gäbe es genug Sexualberater und einschlägige Bücher.

Wieviel solche Ratschläge wert waren, zeigte sich spätestens zu dem Zeitpunkt, als wir erfuhren, daß der Mann eine jüngere Freundin hatte. Er machte auch nicht den geringsten Versuch, es vor seiner Frau zu verbergen. Im Gegenteil. Alles das, was ihm an ihr nicht paßte, diente ihm als Begründung dafür, zu tun, was er tun wollte.

Nach vielen Diskussionen einigten sich die Teilnehmer des Seminars darauf, daß es wahrscheinlich nur einen einzigen erfolgversprechenden Weg für die Frau gab, ihr Problem zu lösen: Sie müßte die hoffnungslose, selbstverleugnende Liebe zu ihrem Mann durch eine stärkere Liebe zu sich selbst ersetzen.

Die Frage stand plötzlich im Raum: »Wie lernt man, sich selbst zu lieben?«

Die Vorstellung, man könne Liebe erlernen und einüben, mag für manchen im ersten Augenblick etwas ungewohnt erscheinen. Aber ist es wirklich so außergewöhnlich? Wir können uns Krankheiten einreden. Oder Gesundheit. Wir können ein Versagen programmieren, indem wir uns täglich immer wieder einreden, etwas nicht zu schaffen.

Es liegt ganz allein bei uns, ob wir uns am Morgen nach dem Aufwachen zwanzigmal sagen: »Dieser Tag wird ein wunderbarer Tag. Gleichgültig, was mir in die Quere kommt.« Oder wir stellen uns auf dem Weg zur Arbeit immer nur vor, wie uns heute die Kollegen wieder auf die Nerven gehen werden und wie widerlich der Chef sein wird.

Warum soll es nicht möglich sein, uns zwei- oder dreimal täglich zwanzig- oder dreißigmal vorzustellen, wie wir uns selbst mehr lieben, als irgend jemand anderen?

Ein Mitglied des erwähnten Seminars riet der unglücklichen Ehefrau: »Stellen Sie sich doch jeden Tag fünf Minuten lang nackt vor den Spiegel. Schauen Sie Ihre Nase an und überzeugen Sie sich dabei immer wieder, daß sie Ihnen gefällt. Dann stellen Sie sich vor, daß Ihre Brüste für Sie schön sind. Und daß Sie Ihren ganzen Körper mögen, weil es Ihr Körper ist und weil Ihr Körper einmalig ist.«

Ich schlug schließlich vor, daß wir alle der Reihe nach uns dazu bekennen sollten, die eine Schwäche an uns besonders zu lieben, die uns am meisten zu schaffen machte. Eine Frau bekannte: »Ich liebe von jetzt an meine Falten im Gesicht. Ich liebe auch mein Alter. Denn mein Alter zu verleugnen, hieße ja, mich selbst zu verleugnen.«

Schließlich einigten wir uns auf drei Schritte, mit denen jeder lernen könne, sich selbst zu lieben. Hier sind sie:

Erster Schritt:

Zuerst müssen wir lernen, an uns zu glauben. Wer nicht an sich glaubt, wird immer dazu neigen, die Lösung seiner Probleme bei anderen Leuten zu suchen. Wer sich selbst lieben will, muß daran glauben, daß er sich lieben kann.

Zweiter Schritt:

Wir müssen eine eindeutige Entscheidung fällen, uns selbst mehr zu lieben als irgend jemand anderen in der Welt. Eine eindeutige Entscheidung. Nicht: »Ich will es versuchen« oder: »Wenn ich es nicht schaffen sollte, kommt vielleicht doch noch der ersehnte Partner, der mich wirklich liebt.« Sondern: »Es gibt nichts, was mich davon abbringen könnte.«

Dritter Schritt:

Wir üben dieses Bekenntnis täglich ein. Mit der gleichen Beharrlichkeit, mit der uns Erzieher, Staat, Kirche, Chefs und andere Autoritäten ein Leben lang eingeredet haben: »Du bist hilflos, du brauchst uns« oder: »Schließe dich uns an, nur wir können dir helfen« oder: »Vertraue uns, wir wollen nur dein Bestes.« Oder auch: »Du bist häßlich und alt, wir machen dich schön und jung.« Genauso reden wir uns jetzt selbst ein: »Ich liebe mich so, wie ich bin. Ich liebe mein Alter, meinen Körper, meine Schwächen. *Ich liebe mich.*«
Wissen Sie irgendeinen Grund, warum nicht jeder von uns dazu imstande sein sollte? Vorausgesetzt natürlich, er will es.

7.
Wer uns wirklich alles über Essen, Trinken und das richtige Leben sagen kann

Im Grunde genommen gibt es nur zwei Möglichkeiten, die Probleme zu lösen, die unserem glücklichen Leben im Wege stehen. Entweder wir tun es mit Hilfe von Wissen und Erfahrung. Oder wir benützen unseren Instinkt.

Wissen ist das, was die Umwelt uns im Laufe des Lebens vermittelt. Die Lehrer in der Schule, die Eltern, die Werbung, das Fernsehen, die Zeitungen. Die Erfahrung ist das, was wir aus der Konfrontation mit uns selbst und der Umwelt lernen. Was aber ist Instinkt?

Instinkt ist die Fähigkeit, ohne zu denken das für uns Richtige zu tun. Diese Fähigkeit ist in uns gespeichert. Sie verkümmert allerdings bei den meisten Menschen, weil sie ihr keine Chance geben, sich zu entfalten. Ganz davon zu schweigen, sie gezielt zu trainieren und für die Bewältigung des täglichen Lebens einzusetzen.

Mir wurde das zum ersten Mal bewußt, als ich vor Jahren ein Experiment mit mir machte. Um die störenden Gedanken während eines Dauerlaufes in einem meiner Bücher aus eigener Erfahrung besser beschreiben zu können, lief ich einen Monat lang täglich eine oder zwei Stunden lang durch den Wald.

An den ersten Tagen war die Haltung meines Körpers während des Laufens so, wie ich es bei den Leichtathleten im Fernsehen immer gesehen hatte: Aufrecht, korrekt, die Arme abgewinkelt, die Knie immer schön hochgezogen.

Es war das in meinem Hirn aus Beobachtungen gespeicherte Wissen, das meinen Laufstil bestimmte. Oder, um es anders zu sagen: Mein Denken zwang meinem Körper auf, wie er zu laufen hatte. Das gleiche galt für die Atmung. Irgendwo hatte ich gelesen, man sollte drei Schritte lang ein und dann sechs Schritte lang ausatmen. Also tat ich es.

Nachdem ich mich also tagelang auf diese Weise abgemüht hatte, wurde mir bewußt, daß ich mich überhaupt nicht darum kümmerte, was eigentlich mein Körper und meine Atmung von sich aus tun wollten. Ich ging also dazu über, die Beine laufen, die Arme schlendern und die Atmung so atmen zu lassen, wie *sie* wollten.

Dazu kam noch die Sache mit den Gedanken. Ich stellte fest, daß meine Gedanken fast immer dem Körper davonliefen. Wenn ich den Waldweg abwärts in eine Mulde lief, dachte ich schon: »Das wird eine verdammte Quälerei werden, da drüben wieder hochzukommen. Dabei schmerzt mich jetzt schon die linke Wade.« Ganz klar, daß es dann tatsächlich eine Quälerei wurde. Ich hatte es mir ja eindringlich genug prophezeit.

Manchmal dachte ich auch: »Wozu tust du dir diese Quälerei eigentlich an? Tag für Tag trottest du wie ein Idiot durch die Gegend, und der Schweiß brennt dir in den Augen. Alles über das Laufen kannst du doch in Büchern nachlesen.«

Inzwischen weiß ich längst, daß ich nichts, aber auch gar nichts in Büchern nachlesen kann, was mein Körper, meine Atmung, mein Instinkt, meine innere Stimme oder wie immer Sie es nennen wollen mir zu sagen haben. Deshalb versuche ich seither unverdrossen an jedem Tag mehr auf mein inneres Ich zu hören als auf das, was andere Leute mir einreden wollen. Oder im Laufe der Jahre schon eingeredet haben.

Unser Instinkt sagt uns, wie wir laufen und atmen, was, wann und wie wir essen und wieviel wir trinken sollen. Er weiß alles darüber, was für uns richtig ist. Besser gesagt, er wüßte es, aber wir haben es uns abgewöhnt, auf ihn zu hören.

Nehmen Sie doch nur Ihre Eßgewohnheiten:

- Essen Sie, wann Ihr Körper Ihnen signalisiert, daß er hungrig ist? Oder essen Sie, weil man eben zu bestimmten Zeiten ißt? Gleichgültig, ob Sie hungrig sind oder nicht?

- Prüfen Sie immer, was gerade jetzt gut für Ihren Magen wäre, oder nehmen Sie schnell das, was Ihnen zufällig angeboten wird?

- Hat man Ihnen vielleicht auch in Ihrer Kindheit gesagt: »Du mußt aufessen. Es darf nichts auf dem Teller bleiben!« Oder hat man versucht, mit Unmengen von Süßigkeiten um Ihre Zuneigung zu buhlen?

- Hören Sie zu trinken auf, wenn Ihr Körper Ihnen anzeigt, daß er genug hat? Oder trinken Sie den letzten Schluck erst dann, wenn die Party zu Ende ist?

Sie können sich auch fragen, ob Sie zu Bett gehen, wenn Sie müde sind, Bewegung machen, wenn Ihre Muskulatur danach verlangt, und ob Sie lieben, wenn Sie das Bedürfnis danach haben. Und so weiter. Im Grunde genommen geht es doch immer nur um die Frage, ob Sie imstande sind, auf das zu hören, was Ihr ganz persönlicher Instinkt, Ihr Körper, Ihre Seele, Ihre echten Bedürfnisse Ihnen sagen möchten.

Es scheint so, als studierten die meisten Menschen lieber hundert Bücher über richtiges Essen, richtiges Lieben, Laufen und Leben, statt nur ein einziges Mal in sich hineinzuhorchen, um vielleicht aus sich heraus Antworten auf alle wichtigen Fragen des Lebens zu bekommen.

Schließlich haben unsere Vorfahren schon Jahrtausende gelebt, geliebt und überlebt, bevor es noch Ernährungswissenschaftler, Sexualtherapeuten, Diätspezialisten und Gesundheitsgurus gab.

Ich denke mir, daß alle diese Erfahrungen des Überlebens in jedem von uns als Instinkt gespeichert sind und abgerufen werden können.

Wie ruft man sie ab?

Alles beginnt damit, daß wir uns täglich Zeit für uns nehmen, uns zurückziehen, entspannen, die Augen schließen und entschlossen sind, jetzt zehn, fünfzehn oder dreißig Minuten lang nicht auf andere, sondern nur auf uns selbst zu hören.

Auf uns selbst.

Wissen Sie, wie manche Leute auf diese Aufforderung reagieren? Sie sagen: »Was soll *ich* mir denn schon Großartiges zu sagen haben?« Einen ganzen Tag lang sagen andere ihnen, was sie zu tun und zu lassen haben, plötzlich sollen sie es selbst wissen.

Dieses Unbehagen ist es auch, das die meisten Menschen davon abhält, sich hinzusetzen und in sich hineinzuhorchen. Manche vermeiden es aus Angst, es könnten ihnen dabei ein paar Dinge bewußt werden, die sie schon seit Jahren mühevoll zu vergessen suchen. Sie wollen gar nicht alles über sich wissen. Sie gehen sich in voller Absicht aus dem Weg.

Wenn Sie sich trotzdem zu einer täglichen Begegnung mit sich entscheiden können, hier sind ein paar Anregungen, die mir im Laufe der Jahre dabei geholfen haben:

1.

Wenn Sie sich einmal wirklich dazu entschlossen haben, gilt keine wie immer geartete Ausrede, es nicht an jedem Tag zu tun.

2.

Benützen Sie Papier und Bleistift bei der meditativen Suche

nach sich selbst. Schreiben Sie Ihre Gedanken auf. Manchen Leuten, die diese Technik benützen, dient es als Anregung, wenn sie jedesmal die Frage notieren: »Wer bin ich wirklich?« Oder: »Was will ich wirklich?«

3.

Anfangs ist es schwierig, seine Gedanken von Alltagsproblemen auf sich selbst zu lenken. Je mehr wir uns entspannen, um so quirliger beginnen uns spontane Überlegungen zu bedrängen. Manchmal sind es scheinbar lächerliche Dinge, wie: »Verdammt noch mal, wo habe ich eigentlich meinen Autoschlüssel hingelegt?« Oder: »Morgen darf ich nicht vergessen, Toilettenpapier einzukaufen.«

Leute, die Erfahrung mit Meditation oder mentalem Training haben, sagen: »Ich unterdrücke keinen Gedanken, auch wenn er noch so lächerlich scheint. Ich ärgere mich auch nicht darüber, sondern lasse ihn wie eine Wolke an mir vorübergleiten.«

4.

Entwickeln Sie auf der Suche nach Ihrer inneren Stimme keinen Ehrgeiz. Sie werden feststellen, daß sich nichts erzwingen läßt. Fragen Sie auch nicht ständig danach, wie man es »richtig« macht. Finden Sie geduldig selbst heraus, was für Sie das Richtige ist. Niemand, außer Sie selbst, weiß es.

Was den meisten von uns am schwersten fällt, ist die Vorstellung, daß unser Instinkt für unser Leben wichtiger sein könnte als Erfahrung und Wissen und das, was wir mit unserem Gehirn verstehen können. Als ob alles Wissen, die moderne Technologie, die Wissenschaftler und die weltweiten Prediger des unbegrenzten Fortschritts imstande wären, uns eine befriedigende Antwort auf die alles entscheidende Frage geben könnten: »Was muß ich tun, um täglich glücklich sein zu können?«

Sie können es nicht. Also bleibt uns gar nichts anderes übrig, als nach anderen Quellen des glücklichen Lebens zu suchen. Warum sollten wir mit dieser Suche nicht in uns selbst beginnen?

8.
Ein einfaches Rezept, das Wichtige
vom Unwichtigen zu unterscheiden

Haben Sie schon einmal daran gedacht, daß diese Welt nur deshalb zugrunde gehen könnte, weil die Menschen nicht imstande sind, das Wichtige vom Unwichtigen zu unterscheiden? Zum Beispiel in der Frage: »Unbegrenzter Fortschritt oder Rückkehr zum Natürlichen?«

Was immer mit unserer Welt auch geschieht, entscheidend ist letzten Endes, wie sich jeder von uns in seinem eigenen Leben verhält. Möchte er am liebsten alles gleichzeitig besitzen, oder weiß er, was für ihn heute wichtig ist und was erst später?

An jedem Morgen, wenn ich in mein Notizbuch die Dinge schreibe, die ich an diesem Tag erledigen möchte, stehe ich vor der Frage: »Was mache ich zuerst, und was kann warten?« Jahrelang hatte ich damit Schwierigkeiten. Ich tat zuerst, was für andere Leute wichtig war. Hinterher ärgerte ich mich dann, daß vieles zu kurz gekommen war, was ich für mich selbst tun wollte.

Geht es Ihnen auch so? Man nimmt etwas nur deshalb so wichtig, um jemand anderem einen Gefallen zu tun. Oder aus Schuldgefühl. Oft machen wir uns vor anderen Leuten wichtig, um von ihnen ernstgenommen zu werden.

Ist es wirklich wichtig, von anderen Leuten ernstgenommen zu werden oder jemandem gefällig zu sein, um keine Schuldgefühle zu haben?

Was ist überhaupt wichtig und was nicht?

Ich habe mir im Laufe der Jahre ein einfaches Rezept zurechtgelegt, um diese Frage für mich befriedigend beantworten zu können:

1. Ich frage nicht mehr »Was ist wichtig?«, sondern »Was ist *für mich* wichtig?« Nachdem ich mich nun einmal dazu entschlossen habe, der Mittelpunkt meines Lebens zu sein, brauche ich deshalb keine Schuldgefühle zu haben.

2. Ich berücksichtige den Zeitpunkt. Denn was für mich heute Bedeutung hat, kann morgen schon bedeutungslos sein. Andererseits wird unser Leben vielfach noch von moralischen Maßstäben bestimmt, die längst nicht mehr der Zeit entsprechen.

3. Ich entscheide, worauf ich verzichten muß, um das haben zu können, was ich wirklich haben möchte.

Es ist noch gar nicht so lange her, als wir alle hautnah ein eindrucksvolles Beispiel miterlebten, wie diese eine Entscheidung Europa veränderte. Einige tausend Menschen aus dem östlichen Deutschland verzichteten auf ihren Job und ihr Heim und ließen sogar ihre Autos zurück, für die sie jahrelang gespart hatten. Und warum das alles? Weil ihnen ihre persönliche Freiheit wichtiger war als jeder Besitz.

Diese Leute wollten weder eine Revolution entfachen noch ein Regime stürzen. Sie hatten sich nicht organisiert, folgten keinem Führer und auch keiner Ideologie, als sie nachts mit ihren Kindern heimlich aus Ungarn über die Grenze nach Österreich schlichen, um in den Westen zu kommen.

Lassen Sie es mich noch einmal wiederholen: Der Sturz des Regimes in der Deutschen Demokratischen Republik gegen Ende der achtziger Jahre begann damit, daß einzelne Bürger für sich eindeutig und kompromißlos drei Entscheidungen fällten:

1. Für mich ist die Freiheit wichtiger als das Weiterleben in einem Staat, der mich beengt.
2. Wenn ich mich den herrschenden Umständen weiter unterwerfe, habe ich vielleicht bald nicht mehr die Kraft, mich zu einer persönlichen Entscheidung durchzuringen. Deshalb muß ich *jetzt* handeln.
3. Für mich ist der Traum von der persönlichen Freiheit so wichtig, daß ich bereit bin, auf alles zu verzichten, was ich hier besitze.

Die vielleicht bedeutendste Veränderung Mitteleuropas nach dem zweiten Weltkrieg begann mit der Entscheidung in den Köpfen einzelner Menschen, was für sie wichtig und was unwichtig war. Sie fällten diese Entscheidung unter starkem äußerem Druck. Warum lernen wir nicht daraus, rechtzeitig zu handeln, statt abzuwarten, bis wir unter Druck geraten?

Mit der Wichtigkeit der Dinge in unserem Leben verhält es sich ähnlich wie mit Krankheit und Gesundheit. Wir denken erst dann an unsere Gesundheit, wenn wir schon krank sind. Erst da wird uns bewußt, was wir hätten tun sollen, aber versäumt haben.

Um das Wichtige vom weniger Wichtigen unterscheiden zu können, besteht der erste Schritt darin, uns eine Übersicht über alles das zu verschaffen, was wir tun wollen.

Das gilt für den Rest unseres Lebens genauso, wie für die Notizen in unserem Kalender über die Punkte, die wir im Laufe des heutigen Tages erledigen wollen.

Was also ist das Wichtigste für Sie in den Jahren, die Sie noch vor sich haben? Was muß zuerst getan werden, und was kann warten? Lassen Sie uns doch diese Fragen anhand des Sieben-Punkte-Lebensprogramms untersuchen, von dem einige Kapitel früher schon die Rede war.

Hier sind vorerst – zur Erinnerung – noch einmal die sieben Bereiche, die in unserem Leben von Bedeutung sind:

- Das Erfolgserlebnis und die Anerkennung, die wir für unsere Leistung erhalten.
- Die Freude, die uns Geld und Besitz bereiten.
- Die Entfaltung unserer Gefühle und die Beziehung zu Partner, Sexualität und Familie.
- Der Lebensstil, der unseren Möglichkeiten entspricht, und die Bedeutung der Grenzen, die uns gesteckt sind.
- Die Vorstellung, die wir davon haben, wer, was und wie wir sein möchten.
- Unser Körper und das, was wir für unsere Gesundheit tun, um möglichst wenig krank zu sein.
- Die Entfaltung unserer Phantasie.

Sehen Sie sich diese Punkte noch einmal an und reihen Sie sie von eins bis sieben nach der Wichtigkeit, die sie für Ihr Leben haben. Wie immer Sie an diese Aufgabe herangehen, eins ist gewiß: In jedem Fall wird die Reihung einer ganz bestimmten Logik zugrunde liegen müssen.

Wenn es zum Beispiel für Sie sehr wichtig ist, viel Geld zu besitzen, dann ist es noch wichtiger, dafür zu sorgen, daß Sie solange gesund und fit sind, als Sie hinter den Millionen herjagen. Denn schon manche reichen Leute mußten feststellen, daß ihnen das ganze Geld und die besten Ärzte der Welt nicht mehr helfen konnten, wenn sie zu lange ihre Gesundheit vernachlässigt hatten.

Ich kenne eine Menge Leute, die bei jeder Gelegenheit versichern, nichts wäre ihnen wichtiger als das Wohl ihrer Familie. Soweit ich das beurteilen kann, blieb allen ohne Ausnahme bisher dieser Wunsch versagt.

Wissen Sie warum? Sie sind gar nicht imstande, wirklich alles Notwendige für das Wohl ihrer Familie zu tun, weil sie nicht gelernt haben, alles Notwendige für ihr eigenes Wohlbefinden zu tun.

Wenn es also für jemanden nichts Wichtigeres gibt als das Wohl seiner Liebsten, muß er zuerst eine Voraussetzung schaffen, die noch wichtiger ist: Er muß mit dem Glück, das er anderen bescheren will, bei sich selbst beginnen. Denn wir können, wie wir wissen, niemanden wirklich lieben, wenn wir nicht einmal imstande sind, uns selbst zu lieben.

Es könnte sein, daß Sie bei der Überprüfung der Wichtigkeiten Ihrer Lebensbereiche zu der Überzeugung kommen: »Was mir seit Jahren am meisten zu schaffen macht, ist meine sexuelle Frustration. Alle reden von sexueller Befriedigung, nur bei mir klappt es nicht. Nichts ist wichtiger, als mich von diesem Frust zu befreien.«

Es mag für Sie zur Zeit das wichtigste Problem sein. Aber vielleicht nur deshalb, weil Sie versäumt haben, vorher die dafür wichtigste Voraussetzung zu schaffen. Diese Voraussetzung könnte sein, zu wissen, was Sie vom Sex überhaupt erwarten.

Denn eines ist sicher: Unendlich viele Menschen entwickeln ihre sexuellen Wunschträume nicht nach ihren eigenen Bedürfnissen und Möglichkeiten, sondern nach dem, was sie von anderen hören und lesen.

Deshalb könnte sich Ihr Problem von selbst lösen, wenn Sie erkennen, daß Ihr tatsächliches sexuelles Bedürfnis nicht darin besteht, sich oder Ihrem Partner drei Orgasmen hintereinander zu verschaffen, sondern ganz einfach, sein und Ihr Bedürfnis nach Zärtlichkeit zu befriedigen.

Die wahrscheinlich häufigste Frage, die man mir in den Jahren stellte, in denen ich öffentliche Lebensschule-Seminare abhielt, lautete: »Wie gewöhne ich mir das Rauchen ab?« Für manche Menschen scheint es nichts Wichtigeres zu geben. Ich hoffe, es ist mir gelungen, wenigstens einige davon zu überzeugen, daß es für sie nicht das Wichtigste ist, sich das Rauchen abzugewöhnen.

Viel wichtiger ist es, ihr Selbstbewußtsein aufzubauen. Denn für die meisten, mit denen ich darüber sprach, war das Rauchen nichts anderes als ein Ersatz für fehlende Selbstsicherheit. Wenn sie unsicher waren, bestand ihr bewährtes Mittel darin, sich an der Zigarettenpackung, am Feuerzeug und schließlich am Glimmstengel festzuhalten.

Wenn Sie also die Ursache des Problems bis zu seinen Wurzeln verfolgen, kann es durchaus sein, daß Sie zu dem Schluß kommen: »Wenn ich lerne, an mich selbst mehr zu glauben als an irgend etwas anderes, brauche ich keine Zigarette mehr, die mir über meine Unsicherheit hinweghilft.«

Wie Sie sehen, ist das, was wir beim ersten Hinsehen für das Wichtigste in unserem Leben halten, nicht immer das Wichtigste. Das sollten Sie bedenken, wenn Sie sich vielleicht in den nächsten Tagen oder Wochen damit beschäftigen, in Ihrem Leben das Wichtige vom weniger Wichtigen zu unterscheiden.

9.
Die Formel, mit der jeder erkennen kann, wo sein eigener Überfluß beginnt

Über das Thema Überfluß können Sie reden, mit wem Sie wollen, alle werden Ihnen das gleiche sagen: Man ist selbstverständlich dagegen. Und man kennt jede Menge anderer Leute, die im Überfluß leben.

Dieser Maßstab für Überfluß besteht im Vergleich mit anderen, die mehr besitzen und verbrauchen als wir selbst. Das ist die hinterhältigste Entschuldigung dafür, über den eigenen Überfluß erst gar nicht nachzudenken.

Eine sehr gefällige Definition lautet: »Überfluß ist alles, was ich nicht wirklich brauche.« Wer aber weiß tatsächlich, was er wirklich braucht?

Es ist erst ein paar Wochen her, da saß ich mit einem amerikanischen Freund beim Mittagessen in einem Wiener Restaurant. Wir aßen Karfiolsuppe und gefüllten Lammrükken mit Preiselbeeren und Petersilienkartoffeln, dazu tranken wir eine Flasche herben Grünen Veltliner. Dann bestellte ich für uns Käse und dazu eine halbe Flasche französischen Rotwein. Später genehmigten wir uns noch einen feinen Cognac zum türkischen Mocca.

Nachdem wir Erinnerungen an die gute alte Zeit ausgetauscht und ausführlich Familiengeschichten erzählt hatten, kamen wir auf unsere Lebensart zu sprechen. Mein Freund berichtete mir von seinem Haus auf einer Insel vor Neu-England, seiner Villa in Florida, dem Flugzeug, der Yacht und dem

Penthouse in der City von New York. Es war alles sehr imponierend. Trotzdem fragte ich ihn, ob er das alles wirklich brauche. »Aber selbstverständlich«, sagte er, »sonst wirst du ja in Amerika als Geschäftsmann nicht ernst genommen.« Natürlich machte ich dann keinen weiteren Versuch mehr, das Thema Überfluß zu vertiefen. Bis mein Freund wieder darauf zurückkam. Er meinte, mit wohlwollendem Tadel in der Stimme, die halbe Flasche Rotwein zum Käse wäre seiner Ansicht nach ziemlich überflüssig gewesen, zumal wir sie nicht einmal ganz ausgetrunken hatten. Ihm sei schon als Kind von den Eltern die Sparsamkeit anerzogen worden. Selbst heute noch dürfe in seinem Haus kein Stück Brot weggeworfen werden.

Ganz offensichtlich hatten wir beide recht verschiedene Ansichten über das, was jeder brauchte und was nicht. Ich habe mir für mich selbst eine ganz persönliche Formel zurechtgelegt. Sie lautet: »Wenn mir das, was ich besitze, mehr Sorgen als Freude bereitet, ist es Überfluß.«

Wie Sie sehen, gehe ich bei meiner Bewertung nicht von materiellen Maßstäben aus, sondern von meinem Glücksempfinden. Natürlich auch von den konkreten Vorstellungen, die ich für mein Glück habe.

Das persönliche Glück als Maßstab des Überflusses – vielleicht finden Sie diese Formel etwas eigenwillig in Zeiten, in denen die Bedeutung von Nationen nach Sozialprodukt, Staatsverschuldung, Arbeitslosenrate und der Härte der Währung beurteilt wird.

Haben Sie schon jemals von einer Statistik gehört, die Völker nach dem durchschnittlichen Wohlbefinden seiner Bewohner auflistet? Oder nach dem Wert der Güter, auf die Bewohner leichten Herzens verzichten? Offensichtlich ist niemand an solchen Statistiken interessiert.

Unsere Gesellschaft ist daran interessiert, daß wir mehr verdienen, mehr kaufen und schnell verbrauchen, damit wir noch schneller kaufen können. Persönliches Glück und die Bereitschaft zu Verzicht würden diesen Kreislauf des Überflußverhaltens empfindlich stören. Es liegt an Ihnen, sich darüber trotzdem ein paar Gedanken zu machen. Wo beginnt für Sie der Überfluß und wo hört er auf? Brauchen Sie tatsächlich alles, was Sie kaufen, oder reden Sie es sich nur ein? Woher kommt eigentlich der Drang danach, mehr zu besitzen und mehr zu sein, als man tatsächlich ist?

Hier sind vier Überlegungen zu den Ursachen unseres Überflußverhaltens:

1. Die Unsicherheit gegenüber dem Angebot

Wer selbst nicht geklärt hat, was ihn glücklich macht, hat den allgegenwärtigen Angeboten keine eigenen Alternativen entgegenzusetzen. Er vergleicht die Angebote untereinander, aber er fragt nicht: »Ist das beste Angebot auch das Beste für mich?«

Wenn er seine natürlichen Bedürfnisse nicht kennt, ist er das Opfer der künstlichen Bedürfnisse, die nur aus dem einen Grund geschaffen werden, uns immer neue Produkte zu verkaufen. Oder alte Produkte, denen man ein neues Mäntelchen umhängt.

2. Die Flucht vor der brutalen Realität des Lebens

Unendlich viele Menschen gehen davon aus, daß sie in Wahrheit unfähig sind, das Leben so zu meistern, wie sie es möchten. Sie sind fest davon überzeugt, daß niemand sie so respektieren würde, wie sie sind. Also lassen sie nichts unversucht, um vor der Mitwelt anders zu erscheinen. Sie flüchten vor sich selbst in eine Welt, die sie sich erkaufen.

3. Der mystische Glaube an den Fortschritt, an das Mehr, Besser und Schneller

Der Glaube an den Fortschritt ist die weltweite Massenbewegung der Menschen, die vor sich selbst auf der Flucht sind. »Fortschritt« ist der Glaube unserer Zeit, der jede Sinnlosigkeit rechtfertigt. Keiner fragt mehr: »Brauchen wir wirklich noch einen weiteren Nachrichtensatelliten am Himmel, ein Auto mit noch mehr Pferdestärken, eine noch süßere Limonade und einen dritten Fernsehapparat im Haus?« Der Fortschritt rechtfertigt alles.

4. Die Unfähigkeit zu genießen

Die Faszination alles Neuen ist für die meisten Menschen so groß, daß alles Neue für sie schon veraltet ist, sobald sie es besitzen. Der Drang, zu besitzen und im Trend zu liegen, hat das Bedürfnis verdrängt, allem durch Genießen einen Sinn zu geben.

Das sind vier Gründe dafür, warum so viele Menschen auf nichts verzichten wollen, was ihnen angeboten wird. Weil sie nicht wissen, was sie wirklich brauchen, und daran glauben. Sie besitzen keine bessere Alternative zu den verlockenden Angeboten. Den tatsächlichen Überfluß kann ich nur erkennen, wenn ich die Grenzen abgesteckt habe, in denen ich glücklich leben will.

Wie Sie sehen, können Sie unser Leben von vielen verschiedenen Seiten betrachten, Sie finden sich doch immer bei dem Stück Papier wieder, auf das Sie den Satz geschrieben haben: »Wer bin ich wirklich?« Oder: »Was will ich wirklich?«

Die Antwort darauf kann Ihr Leben von Grund auf verändern.

10.
Warum es an der Zeit ist,
das Zusammenleben in der Ehe
gründlich zu überdenken

In den vergangenen Jahrzehnten müßte eigentlich dem Naivsten unter uns klargeworden sein, daß mit der Institution Ehe irgend etwas nicht mehr stimmt. In der Bundesrepublik Deutschland wird jedes dritte Paar wieder geschieden. Gar nicht zu reden von jenen, die verheiratet bleiben, obwohl sie sich das Leben täglich zur Hölle machen.

Jeder weiß das. Trotzdem laufen Jahr für Jahr Tausende in die Kirche und vor das Standesamt, um verbriefen und besiegeln zu lassen, was ihnen niemand verbriefen kann: eine glückliche Lebensgemeinschaft, möglichst an jedem Tag.

Wissen Sie, warum das so ist? Ganz einfach: Weil sich die meisten Menschen lieber mit ihren Leiden arrangieren, statt deren Ursachen grundlegend zu verändern. Sind die Illusionen von ewiger Liebe, Treue und Verständnis erst einmal der nüchternen Realität des Alltags gewichen, bleibt meistens nichts mehr übrig, was eine Partnerschaft noch retten könnte. Soweit ich es beurteilen kann, gibt es drei entscheidende Ursachen für das Scheitern so vieler Ehen: falsche Voraussetzungen, falsche Erwartungen und ein verlogenes Rollenspiel. Was die falschen Voraussetzungen betrifft, so ist es erstaunlich, aus welchen Gründen viele Menschen heiraten. Natürlich behaupten viele, sie hätten sich aus Liebe oder anderen edlen Motiven dazu entschlossen. Aber meistens lügen sie.

Die häufigsten Gründe sind:

- Sie haben es einfach satt, allein zu sein.
- Sie halten ihren tyrannischen Vater oder die besitzergreifende Mutter nicht mehr aus.
- Sie wollen – als Frau – jemanden, der ihnen ein bequemes Leben ermöglicht. Oder sie suchen – als Mann – eine möglichst anspruchslose Haushälterin, Geliebte und Frau, die als Mutter ohne viel Aufhebens die Kinder erzieht.

Natürlich heiraten manche Leute auch aus Liebe, was immer sie darunter verstehen. Oft drückt sie sich dadurch aus, daß sich zwei hilflose Partner aneinanderklammern. Jeder erwartet vom anderen, daß er ihm dabei hilft, sein Leben zu bewältigen.

Das erinnert mich an die Definition des legendären Wiener Humoristen Karl Farkas: »Eine Ehe ist der Zusammenschluß zweier Menschen, damit sie gemeinsam die Probleme lösen, die sie nicht hätten, wenn sie allein geblieben wären.«

Ich zitiere diesen Ausspruch seit vielen Jahren immer wieder. Besonderen Spaß bereitet es mir zu beobachten, wie gerade jene Ehepaare darüber am lautesten lachen, die davon am meisten betroffen sind.

Wie lautet denn Ihre persönliche Definition der Ehe? Worin besteht für Sie ihr Sinn, und welche Konsequenzen leiten Sie davon ab?

Ich kann mir gut vorstellen, daß Sie mit einer spontanen Antwort auf diese Frage Schwierigkeiten haben. Vorausgesetzt natürlich, daß Sie sich nicht mit einem der gängigen Allgemeinplätze zufriedengeben wie: »Ich will, daß meine Kinder in geordneten Verhältnissen aufwachsen.« Oder: »Wenn man ohne Trauschein zusammenlebt, wird man auch heute noch von vielen Leuten scheel angesehen.«

Jeder weiß, daß eine Ehe nicht das geringste mit »geordneten

Verhältnissen« zu tun hat. Oft ist eher das Gegenteil der Fall. Sonst gingen ja nicht so viele dieser Verbindungen schon nach kürzester Zeit so unrühmlich in die Brüche.

Warum also heiraten viele trotzdem unter falschen Voraussetzungen, ohne einen Plan, ohne konkrete Zielsetzung und gemeinsame Regeln, an die sich von Anfang an jeder gebunden fühlt?

Wissen Sie es?

Was mich betrifft, so habe ich nur eine Erklärung: Sie benützen eine von der Gesellschaft anerkannte Gelegenheit, sich der Verantwortung für sich selbst zu entziehen. Unter dem Deckmantel dieser Institution dürfen Partner ausgebeutet, unterdrückt, beleidigt, mißbraucht und geschlagen werden. Nirgendwo wird das Recht des Stärkeren noch so konsequent ausgeübt wie in der Ehe. Von der Kirche abgesegnet und vom Staat gedeckt. Manche Männer lassen die Niederlagen im Beruf an ihren Frauen aus. Nicht wenige Frauen sind noch immer davon überzeugt, daß ihre Pflicht in der Ehe darin besteht, geduldig zu leiden.

Was das erwähnte verlogene Rollenspiel betrifft, so ist es eine Folge der falschen Erwartungen. Wenn ein Paar erwartet, daß die anfängliche Zuneigung für alle Zeiten anhält, fühlt es sich verpflichtet, Liebe vorzutäuschen, auch wenn sie längst nicht mehr vorhanden ist.

In einer Reihe von Partnerseminaren, die ich im Verlauf von zwei Jahren abhielt, suchten die Teilnehmer nach den Grundlagen für ein glückliches Zusammenleben. Wir nannten das Ergebnis »Die acht Regeln des neuen Partnerspiels«. Hier sind sie:

Erste Regel

Erwarten Sie das Glück in der Partnerschaft von niemandem anderen als von sich selbst. Dann kann niemand und nichts Sie enttäuschen.

Der größte Fehler besteht darin, sich für den Partner, die Kinder und alles mögliche verantwortlich zu fühlen, nur nicht für sein eigenes Glück. Niemand kann einen anderen wirklich glücklich machen, wenn er nicht imstande ist, für sein eigenes Glück zu sorgen.

Zweite Regel

Einigen Sie sich mit Ihrem Partner darauf, daß jeder mit den Fehlern des anderen leben muß. Auch wenn er anfangs dazu neigt, sie zu unterschätzen.

Dritte Regel

Legen Sie gemeinsam von vornherein ein Notstandsprogramm fest. Für den Fall, daß eines Tages die Ehe nicht mehr zu retten ist. Wenn schriftlich geklärt ist, was mit der Wohnung, dem Geld und den Kindern bei einer Scheidung geschehen soll, bleibt allen Beteiligten viel Bitterkeit erspart.

Vierte Regel

Machen Sie sich und dem Partner keine Illusionen über die angeblich alles überbrückende Macht der Liebe. Das verhängnisvollste Argument lautet: »Uns kann nichts passieren, wir lieben uns ja.« Tatsache ist: Je mehr wir uns darauf verlassen, um so größer ist später die Enttäuschung.

Fünfte Regel

Organisieren Sie das Zusammenleben im Wohnzimmer wie eine Firma, damit Sie im Schlafzimmer Ihren Gefühlen freien Lauf lassen können.

Keine Institution ist so hervorragend dazu geeignet, den Problemen aus dem Wege zu gehen, wie die Ehe. Unendlich viele Partner versuchen, mit Gefühlen Lösungen zu finden, die nur mit Vernunft erreicht werden können. Und umgekehrt.

Nichts ist typischer für manche Ehen als der Vorwurf, den ein Mann in einem Partnerseminar seiner Frau machte: »Wie soll denn zwischen uns auch nur die Spur von Zärtlichkeit aufkommen, wenn wir im Schlafzimmer die halbe Nacht darüber streiten, wohin wir in den Urlaub fahren?«

Sechste Regel

Streiten Sie frisch drauflos, aber werfen Sie niemals die Tür zur Versöhnung hinter sich zu.

Betrachten Sie den Streit als eine von mehreren Möglichkeiten, ein Problem zu bereinigen. Eine andere besteht darin, dem Partner einen Brief zu schreiben. Wobei es gar nicht wichtig ist, ob Sie ihn weitergeben oder wegwerfen. Die Hauptsache ist, Sie sind Ihr Unbehagen los.

Ob eine notwendige Auseinandersetzung gesittet abläuft, oder ob die Fetzen fliegen, ist nur eine Frage des Temperaments. Im Streit sollte alles erlaubt sein, auch die ärgste Beleidigung. Diese Möglichkeit der Befreiung funktioniert allerdings nur, wenn die Partner gemeinsam beschlossen haben, nach einem Streit nie aufeinander böse zu sein.

Siebente Regel

Betrachten Sie das Zusammenleben in der Ehe als Spiel, in dem manchmal der eine, manchmal der andere gewinnen darf. Das Spiel unterscheidet sich vom Kampf dadurch, daß man dem Unterlegenen immer wieder eine neue Chance gibt. Wer die Ehe allerdings zum Kampffeld macht, möchte den Gegner ein für allemal unterwerfen. Das ist das Ende jeder glücklichen Partnerschaft.

Achte Regel

Legen Sie rechtzeitig fest, wie weit der Freiraum eines Partners gehen darf und wo die Gemeinsamkeit beginnt. Hören Sie nie damit auf, jede Grenzüberschreitung beharrlich auszudiskutieren. Das ist der erfolgreichste Weg, der Eifersucht aus dem Wege zu gehen, ehe sie das Zusammenleben unerträglich macht.

Ich weiß nicht, wie viele der Seminarteilnehmer, die diese acht Regeln erfanden, sich heute noch daran halten. Wahrscheinlich ist das auch gar nicht wichtig. Entscheidend scheint mir vielmehr, sich damit von Zeit zu Zeit bewußtzumachen, wie einfach es im Grunde wäre, glücklich zusammenzuleben.
Oft kann auch schon das konsequente Befolgen eines einzigen Hinweises erstaunliche Folgen haben. Ich weiß es aus eigener Erfahrung. Meine Frau und ich wären vermutlich längst nicht mehr verheiratet, wenn wir uns nicht dreißig Jahre lang beharrlich an die Regel gehalten hätten, niemals – auch nicht nach dem verheerendsten Streit – über Nacht aufeinander böse zu sein.
Eine Vereinbarung, die mir viel schwerer fällt als meiner

Frau. Ihr Zorn ist meistens genauso schnell verflogen, wie er ausbricht. Ich hingegen neige dazu, jemandem eine Beleidigung lange nachzutragen. Aber wozu sollen Vereinbarungen in einer Ehe gut sein, wenn nicht dazu, solche Gegensätze auszugleichen.

Wenn Sie dieses Kapitel wohlwollend bis hierher gelesen haben, kann es sein, daß Sie jetzt denken: »Alles schön und gut. Ich möchte ja schon längst in unserer Ehe manches verändern. Ich möchte es. Aber mein Partner weigert sich beharrlich, darüber auch nur zu reden.«

In diesem Falle haben Sie zwei Möglichkeiten:

1. Ändern Sie sich selbst und hören Sie auf, den anderen verantwortlich zu machen, wenn Ihnen in der Partnerschaft etwas nicht paßt. Vielleicht nimmt sich der Partner daran ein Beispiel und ändert sich ebenfalls.

2. Wenn Sie zu der Überzeugung kommen, daß Sie selbst sich nicht ändern können oder wollen, ist es besser, Sie denken über eine schnelle Scheidung nach. So vermeiden Sie es, wertvolle Zeit zu vergeuden, in der Sie glücklicher sein könnten.

11.
Die wichtigsten Regeln des manipulativen Spiels, in dem wir täglich bestehen müssen

Viele Leute hören niemals auf, darüber zu jammern, daß sie ständig von ihren Mitmenschen benachteiligt werden. Von Politikern und Geschäftemachern, Vorgesetzten, Nachbarn oder ihren undankbaren Kindern. Sie leiden darunter, aber sie denken nicht im Traum daran, etwas dagegen zu unternehmen.

Diese Leute haben nicht begriffen, daß unser ganzes Leben nichts anderes ist, als ein ununterbrochenes manipulatives Spiel, in dem jeder ein Gegner des anderen ist. Entweder wir manipulieren, oder wir werden manipuliert. Wer sich dieser Erkenntnis verschließt, hat kaum eine Chance, jemals wirklich glücklich zu sein.

Die Gegner in diesem Spiel sind leicht auszumachen. Es sind:

1. Das andere Geschlecht.
2. Alle, die unserem Weiterkommen im Wege stehen.
3. Autoritäten und Leute, die sich Autorität zunutze machen.
4. Die Gesellschaft, in der wir leben, mit den Verhaltensnormen, die sie uns aufzuzwingen versucht.
5. Die Medien.
6. Alle, die uns lieben und nichts als unser Bestes wollen.

Es ist verständlich, wenn Sie sich jetzt dagegen sträuben, Ihre Partner, die Kinder, den Staat und Ihre besten Freunde als Gegner zu bezeichnen. Dies liegt daran, daß unser Denken und Fühlen lange genug in enge, numerierte Kästchen gezwängt wurde:

Kästchen Nummer 1: Du hast Leute mit Positionen, Titeln und Macht zu respektieren.

Kästchen Nummer 2: Du hast Vorgesetzten zu gehorchen.

Kästchen Nummer 3: Du hast von nichts eine Ahnung. Was Fachleute sagen, ist immer richtig – auch wenn es falsch ist.

Kästchen Nummer 4: Du darfst nur an einen Menschen oder eine Sache glauben, sonst bist du ein Verräter.

Kästchen Nummer 5: Du bist ein freier Mensch und kannst entscheiden, wie du willst. Aber gnade dir Gott, wenn du dich falsch entscheidest.

Kästchen Nummer 6: Liebe deine Nächsten und zeige dich immer bereit, Opfer zu bringen, sonst wirst du aus der Gesellschaft der guten Menschen ausgestoßen.

Kästchen Nummer 7: Sei modern, fortschrittlich und für alles aufgeschlossen. Denn nichts ist schlimmer, als nicht mit der Zeit, den Trends und der Mode zu gehen.

Und so weiter.

Wenn wir solchen Lehrern kritiklos glauben, sind wir hoffnungslose Opfer des manipulativen Spiels, das andere mit uns treiben. Wer sich dagegen zur Wehr setzen will, um nach seinen eigenen Vorstellungen zu leben, muß die Regeln dieses Spiels beherrschen.

Diese Regeln sind einfach und werden seit Jahrhunderten mit großem Erfolg angewandt. Jeder Werbefachmann kennt sie, Politiker, Staatsmänner und ihre Berater wenden sie genauso an wie Lehrer in der Schule oder Pfarrer in der Kirche. Hier sind die drei wichtigsten davon:

1. Jeder Inhalt ist nur soviel wert wie seine Verpackung

Sie können noch so talentiert, fleißig, treu und ehrlich sein, wenn Sie andere Leute nicht davon überzeugen können, nützt es Ihnen gar nichts. Ihre Mitwelt beurteilt Sie nicht nach dem, was Sie tatsächlich sind und können, sondern nach dem, was Sie darstellen.

Wenn Sie nicht lernen, sich richtig zu verkaufen, ist Ihr größtes Können nichts wert. Man wird Sie ausnützen, und andere Leute werden an Ihrer Stelle die Lorbeeren ernten. Wenn Sie jetzt sagen: »Das stört mich nicht, ich möchte ja gar nicht im Vordergrund stehen«, belügen Sie sich selbst.

Wir alle möchten im Vordergrund stehen, Erfolg haben, uns selbst bestätigen und darüber glücklich sein. Auch wenn es nur für kurze Zeit ist. Jeder braucht diese Augenblicke der Eitelkeit im Rampenlicht, um die Ewigkeiten im Schatten besser verkraften zu können.

Deshalb ist es wichtig, anderen Leuten Ihre Vorzüge einzureden. Und zwar so lange, bis man Ihnen glaubt. Das Gefühl, anerkannt zu werden, wird Sie tausendmal glücklicher machen als die Erkenntnis, ein verkanntes Genie zu sein.

2. Entscheidungen werden viel stärker vom Gefühl bestimmt als von vernünftigen Einsichten

Auch wenn wir uns noch so rühmen, vernunftbegabte Wesen zu sein, die meisten Entscheidungen unseres Lebens fällen wir nicht mit unserem Kopf, sondern nach Gefühl. Das gilt für die Kindererziehung genauso wie für den Autokauf oder die Auswahl eines neuen Mitarbeiters. Selbst die Entscheidung, ob wir für oder gegen Atomkraftwerke sind, ist vorwiegend eine Entscheidung des Gefühls.

Angst, Freude, Hoffnung, Wohlbefinden, Trauer oder Liebe sind nur einige der ungezählten Gefühle, die über unser Handeln bestimmen. Kein Wunder, daß sie im manipulativen Spiel eine wichtige Rolle spielen. »Das Gefühl ansprechen bringt mehr als hundert vernünftige Begründungen«, sagte mir Simon Walters, der Chef einer großen englischen Werbeagentur, als er mir einmal die Geschichte seines ereignisreichen Lebens erzählte.

»Weißt du,« sagte er, »ich habe dieses Prinzip schon als junger Mann gelernt, als ich noch keine Ahnung hatte, daß ich einmal meine eigene Firma besitzen würde.« Und dann schilderte er, wie er ein hübsches Mädchen dazu brachte, ihn zu heiraten.

Das Mädchen war mit einem Jungen verlobt, der nicht nur ein tolles Auto und elegante Anzüge, sondern vor allem einen stinkreichen Vater hatte, mit dem er bei jeder Gelegenheit mächtig angab. Simon war ein armer Teufel, der sich sein Studium selbst verdienen mußte.

Hier der Grund, warum die junge Dame schließlich nicht den anderen Jungen, sondern Simon heiratete, in seinen eigenen Worten: »Weißt du, der andere hat ihr bei jedem Rendezvous alle vernünftigen Gründe vorgeführt, warum sie ihn nehmen müsse. Das Auto, seine eigene Wohnung, die reichen Eltern. Ich konnte sie nicht einmal zum Essen ausführen. Aber wenn wir bei einer Icecream beisammensaßen, sagte ich ihr beharrlich, sie sei das einzige Mädchen der Welt, das ich jemals lieben könne.«

Seine Schlußfolgerung, die ihn nicht zuletzt auch zu einem erfolgreichen Werbemann machte, lautete: »Ein ehrliches Gefühl, das man zum Ausdruck bringt, überzeugt mehr als viele protzige Versprechungen.«

Ich weiß natürlich, daß diese Geschichte ziemlich kitschig

klingt. Ein wenig zu glatt, um glaubhaft zu sein. Aber sehen Sie sich doch einmal in Ihrem eigenen Leben um, und Sie werden sie dutzendfach bestätigt finden.

Auch in der sogenannten großen Politik geht es nicht anders zu. Kaum jemand wählt eine Partei heute noch wegen ihres intelligenten Programms. Man wählt die Leute an der Spitze der Partei. Nicht weil sie besonders gescheit wären. Nein, weil sie den Leuten sympathisch sind – oder ihnen wenigstens so erscheinen.

Gefühle beherrschen das manipulative Spiel. Das sollten wir zur Kenntnis nehmen, ob es uns gefällt oder nicht. Das heißt:

● Wir sollten uns bewußt sein, daß andere unsere Gefühle ausnützen, um sie für ihren Vorteil einzuspannen.

● Wir sollten die Gefühle anderer zu unserem Vorteil nützen, wenn wir mit Vernunftgründen nicht ans Ziel kommen.

3. Jede Botschaft wird zur Wahrheit, wenn man sie jemandem lange genug einredet

Viele großartige Leute scheitern mit ihren besten Plänen nur deshalb, weil sie nicht oft genug sagen, wie großartig sie sind. Sie versuchen halbherzig sich durchzusetzen, dann geben sie auf. Sie sagen: »Man versteht mich eben nicht« oder: »Man gibt mir keine Chance.«

Wenn eine große Firma ein neues Produkt auf den Markt bringt, trommelt sie ihre Botschaft in allen Gassen aus: auf Plakaten und in Zeitungsanzeigen, und bekannte Leute teilen uns in der Fernsehwerbung mit, daß sie nur dieses Produkt und kein anderes verwenden, weil es das beste ist. Sie trommeln es so lange, bis Millionen Menschen es kaufen.

Wenn das eine Firma kann, warum machen wir es nicht auch?

Ich weiß, es klingt ziemlich abgedroschen, wenn ich Ihnen jetzt sage: Sie tun mehr für das Glück Ihrer Ehe, wenn Sie dem Partner Woche für Woche mindestens einmal sagen, daß Sie ihn lieben, als wenn Sie es ihm nur ein einziges Mal nach dem Hochzeitsessen versichern. Aber habe ich damit nicht recht? Jeder weiß das, aber nur ganz wenige Menschen handeln danach. Sie werden mit dieser Methode täglich manipuliert, aber es fällt ihnen nicht ein, sie selbst zu ihrem Vorteil anzuwenden. Sie haben einfach Hemmungen, den anderen zu sagen: »Hört einmal her, Leute, ich wollte euch nur sagen, daß ich gut bin, verdammt gut.«

Sie tun es nicht, weil man ihnen immer wieder eingeredet hat: »Sei nicht vorlaut«, »Dränge dich nicht auf« oder: »Bleib immer schön bei der Wahrheit.« Die Wahrheit, was ist das? Die Wahrheit ist das, von dem man uns so lange einredet, daß es die Wahrheit ist, bis wir es glauben. Oder meinen Sie tatsächlich, daß ein Waschmittel X weißer wäscht als andere, wie man uns in der Werbung weismachen will? Oder daß Katzen tatsächlich das Futter Y kaufen würden? Oder daß die Zigarette der Marke Z aus Ihnen einen Abenteurer macht, wie es die bunten Zeitungsanzeigen suggerieren?

»Gnädigste, jetzt schauen Sie um zehn Jahre jünger aus«, hörte ich kürzlich einen Friseur zu seiner Kundin sagen. Sie meinte verlegen: »Ich weiß nicht recht.« Trotzdem gehe ich jede Wette ein, daß sie es glaubte, weil sie es glauben wollte. Sie wollte, daß die Lüge wahr wäre, die ihr der Figaro unterjubelte.

Wenn Sie also glauben wollen, daß Sie gut, stark, frei und glücklich sind, dann beginnen Sie doch mit der Manipulation bei sich selbst. Sagen Sie sich täglich zehn- oder zwanzigmal »Ich glaube an mich« oder: »Ich bin stark, ich schaffe es.« Oder Sie denken schon morgens zehnmal: »Heute bin ich glücklich. Gleichgültig, was passiert.«

Sagen Sie es so lange, bis die Botschaft, die Sie sich täglich verkünden, für Sie zur Wahrheit wird. Was hält Sie davon ab? Die anderen machen das auch mit Ihnen. Was sie Ihnen einzureden versuchen, macht Sie allerdings nur in den seltensten Fällen so glücklich wie die Liebe zu sich selbst, die eigene innere Kraft und der Glaube an sich.

An diesen drei wichtigsten Regeln können Sie sehen, wie vielfältig das tägliche manipulative Spiel gespielt wird. Andere spielen es mit uns, wir können es mit uns selbst und mit anderen spielen. Was wir tun müssen, ist nichts anderes, als die Entscheidung zu fällen: »Ich spiele mit.« Diese Entscheidung ist unerläßlich, wenn Sie entschlossen sind, alles Ihnen Mögliche für Ihr tägliches Glück zu tun.

Sich glücklich zu machen, hängt schließlich in keinem geringen Maße davon ab, wie erfolgreich wir uns der Mitwelt gegenüber durchsetzen.

12.
Wie man seine Ängste meistert,
um sich nie wieder erpressen zu lassen

Sie, ich und Millionen andere Leute sagen, tun und kaufen täglich Dinge, die wir gar nicht sagen, tun und kaufen wollen. Und das nur aus einem einzigen Grund: Wir haben Angst.

Als ich vor einigen Jahren anfing, an meinem Buch »Die Kunst, ohne Angst zu leben« zu arbeiten, machte ich eine schockierende Feststellung. Mir wurde bewußt, daß unsere Erziehung vorwiegend auf Erpressung aufgebaut ist. Die Voraussetzung dafür ist die Angst.

Soweit ich das beurteilen kann, sind die drei häufigsten Arten von Angst:

1. Die Angst, Erworbenes wieder zu verlieren.
2. Die Angst vor dem Ungewissen.
3. Die Angst vor der Realität des Lebens, von der wir glauben, daß wir sie nicht bewältigen können.

Sie können ohne große Mühe sofort herausfinden, wie sehr die Angst Ihr eigenes Leben bestimmt. Beantworten Sie einfach folgende drei Fragen:

● Haben Sie den Beruf, den Sie wirklich ausüben möchten?
● Leben Sie mit dem Partner zusammen, den Sie sich erträumen?
● Führen Sie das Leben, das Sie tatsächlich führen möchten?

Wenn Sie alle drei Fragen mit einem eindeutigen Ja beantworten können, sind Sie ein Meister in der Kunst, glücklich zu leben und hätten dieses Buch vermutlich gar nicht gekauft.

Wenn nicht, sollten Sie sich fragen, warum Sie nicht Ihren Idealberuf ausüben oder mit dem Partner und dem Leben nicht wirklich glücklich sind. Vor allem aber: Warum haben Sie bisher nichts daran geändert?

Ich sage es Ihnen: aus einer der vielfältigen Ängste, die unser tägliches Leben entscheidend mitbestimmen. Diese Ängste sind in allen diesen Jahren meistens schon so tief in unser Denken eingesickert, daß wir sie gar nicht mehr als Ängste identifizieren.

Als meine Frau und ich nach der Heirat vor mehr als dreißig Jahren unsere erste Wohnung kauften, nahm ich bei der Bank einen Kredit auf. Wenn ich mich recht erinnere, sollten wir ihn im Laufe von zehn Jahren zurückzahlen, mit neun Prozent Zinsen. »Eine alltägliche Sache«, werden Sie jetzt sagen, »was hat sie mit Angst zu tun?«

Vorerst einmal war da die Angst davor, ich könnte aus irgendeinem Grund den Kredit nicht zurückzahlen. Ich war damals ein junger Reporter bei einer Tageszeitung und vom Wohlwollen einer ganzen Vorgesetzten-Hierarchie abhängig. Tatsächlich hatte ich auch einige Zeit später eine Auseinandersetzung mit einem meiner Chefs. Es ging um eine grundsätzliche Sache. Ich wußte ganz genau, daß ich recht hatte. Unter anderen Umständen hätte ich wahrscheinlich gekündigt. So aber entschuldigte ich mich. Und zwar aus keinem anderen Grund, als der Angst, nicht sofort wieder einen Job zu finden, der es mir ermöglicht hätte, meinen Kredit zurückzuzahlen.

Aber das war nicht alles. Ich zweifelte nicht daran, daß meine Frau eine Kündigung verstanden hätte. Das aber hätte nichts an meinem Schuldgefühl darüber geändert, sie von heute auf morgen zur Ehefrau eines arbeitslosen Journalisten gemacht zu haben.

Ein wenig hätte sie wohl auch Angst davor gehabt, wie ihre Familie und Freundinnen darauf reagieren würden. Ich selbst hätte es schließlich auch als Niederlage betrachtet, es meinen Eltern mitteilen zu müssen.

Ich tat also nicht, was ich tatsächlich tun wollte, und fühlte mich noch Jahre später ziemlich mies, wenn ich daran dachte, wie ich mich damals entgegen meiner Überzeugung aus Angst selber verleugnet hatte.

Das ist nur ein Beispiel aus meinem eigenen Leben, das mir in seiner Verflechtung mit dem Problem der Angst erst viele Jahre später wirklich bewußt geworden ist. Aber passiert es uns nicht Tag für Tag ähnlich?

- Im Beruf, wenn wir aus Angst ja sagen, obwohl wir nein sagen möchten?

- Freunden und Partner gegenüber, wenn wir Angst davor haben, unsere Autorität oder unsere Beliebtheit einzubüßen?

- In der Konfrontation mit einem Polizisten, bei dem wir klein beigeben, wenn er droht: »Wollen Sie gleich bezahlen, oder soll ich Sie anzeigen, dann kostet es Sie wesentlich mehr.«

- Und bei diesen ungezählten Entscheidungen, wenn wir aus Angst vor einem Risiko uns lieber für die schlechtere als für die richtige Lösung entscheiden.

Prüfen Sie die Motive für Ihr tägliches Handeln, Sie werden erstaunt sein, was Sie alles nur aus Angst vor irgend etwas tun – oder nicht tun. Vermutlich werden Sie sogar zugeben müssen, daß sich einige Ihrer schönsten Träume nur deshalb nicht erfüllten, weil Sie im entscheidenden Augenblick Angst vor einem unbedeutenden Risiko hatten.

Es versteht sich ganz von selbst, daß unsere Ängste keine zufällige Erscheinung sind. Sie werden uns anerzogen. Denn niemand ist so leicht zu manipulieren wie jemand, der Angst hat. Sie kennen ja die Formel, die lautet: »Wenn du tust, was ich von dir verlange, helfe ich dir. Wenn nicht, wirst du vor die Hunde gehen.«

Millionen Menschen leben täglich mit dieser Erpressung. Zum einen Teil als Opfer, zum anderen als Manipulanten. Sie haben sich damit abgefunden und sind zufrieden. Andere aber spüren ein Unbehagen. Sie fühlen sich durch die Erpressung mit der Angst in ihrer persönlichen Freiheit eingeschränkt. Manche macht die Angst so krank, daß sie an sich selbst und an der Realität ihres Lebens verzweifeln.

Hier sind vier Möglichkeiten aus meiner ganz persönlichen Erfahrung, was jeder selbst tun kann, um seine Ängste zu meistern, wenn sie seinem glücklichen Leben im Wege stehen:

1. Lernen Sie verzichten

Ich habe für mich selbst eine einfache Formel gefunden, die mir wie keine andere Methode dabei hilft, mich mit meinen Ängsten auseinanderzusetzen. Sie lautet: »Wenn ich bereit bin, auf alles zu verzichten, kann mich niemand mit der Angst erpressen, ich könnte etwas verlieren.«

Zugegeben: Es ist eine unmenschliche Formel, denn wer wäre schon imstande, auf alles zu verzichten, was er erworben hat. Es sei denn, er beabsichtigt, Mönch oder Yogi zu werden. Wichtig aber erscheint mir, sich einmal bewußt zu machen, daß der Verzicht das wirksamste Mittel dagegen ist, sich erpressen zu lassen.

Wenn die Werbung Sie wieder einmal mit der Botschaft konfrontiert: »Wenn Ihre Wäsche so sauber sein soll wie die Ihrer gescheiten Nachbarin, müssen Sie unser Waschmittel kaufen«, können Sie sagen: »Ich verzichte darauf, daß meine Wäsche so sauber ist wie die meiner Nachbarin.«

Sie nehmen sich damit selbst die Angst davor, eine schlechtere Hausfrau zu sein als die Dame nebenan.

Falls man Sie mit dem Argument zu manipulieren versucht: »Wenn Sie ein guter Familienvater sind, sollten Sie dringend bei uns eine Lebensversicherung abschließen«, können Sie erwidern: »Da verzichte ich lieber darauf, ein guter Familienvater zu sein.«

Mit dieser Entscheidung zum Verzicht erübrigt sich die Angst vor Schuldgefühlen.

Sich solche Alternativen bewußt zu machen und zu erkennen, wie wir mit Angst manipuliert werden sollen, gibt uns wenigstens die Chance, uns zu wehren, statt arglos in eine Erpressung mit Schuldgefühlen – und damit mit unseren Ängsten – zu tappen.

2. Freunden Sie sich mit dem Gegenstand Ihrer Angst an

Ich habe in meinem Leben viele Dutzend Male eines festgestellt: Wenn ich vor der Begegnung mit bestimmten Menschen Angst hatte, war sie in den meisten Fällen verflogen, nachdem ich eine halbe Stunde mit ihnen gesprochen hatte. Also freunde ich mich heute mit dem Gegenstand einer vorauseilenden Angst schon rechtzeitig in Gedanken an. Ich sage mir etwa: »Alle behaupten, der Kerl sei arrogant und beleidigend. Also gehe ich hin und finde heraus, wo seine guten Seiten versteckt sind.«

Erst kürzlich hatte ich mit einem Mann zu tun, von dem mir einige Bekannte gesagt hatten: »Nimm dich in acht, der mag dich nicht.« Tatsächlich war unsere Begrüßung auch ein wenig frostig. Aber kaum saßen wir vor einer Tasse Kaffee, sagte ich zu ihm: »Ein paar Bekannte haben mich vor Ihnen gewarnt. Die sagten, Sie mögen mich nicht.« Ich erwähnte es eher beiläufig und sah ihn dabei belustigt an.

Wissen Sie, wie er darauf reagierte? Er überschlug sich förmlich, diese Unterstellung von sich zu weisen und mir zu versichern, daß er nicht den geringsten Grund hätte, mich nicht zu mögen. Ganz im Gegenteil.

Wenn ich vorher Angst vor ihm gehabt hätte, wäre ich wahrscheinlich die ganze Zeit dagesessen, mißtrauisch und voll Erwartung, wann er mich aufs Kreuz legen würde. So aber hatte ich beschlossen, mich schon vorher mit ihm anzufreunden. Also brauchte ich keine Angst zu haben.

3. Analysieren Sie die Angst weg

In einem Seminar über Angstbewältigung entwickelten wir einmal eine Fünf-Punkte-Formel, die mir seither oft geholfen hat. Sie lautet:

1. Punkt: Klären Sie, wovor Sie sich *konkret* fürchten. Viele Ängste sind oft nur sehr undeutlich. Irgend jemand sagt uns über irgend jemand irgend etwas, das uns ängstlich macht. Oft verfliegt so eine Angst schon, wenn wir sie genauer analysieren.

2. Punkt: Denken Sie darüber nach, was das Schlimmste ist, das Ihnen passieren könnte. Auch da stellt man beim genaueren Hinsehen oft fest, daß das Schlimmste gar nicht so schrecklich ist, wie es vorher schien.

3. Punkt: Was ist das Günstigste, das Ihnen passieren kann? Wenn Sie nicht nur an das Schlimmste denken, sondern ihm die günstigste Möglichkeit gegenüberstellen, können Sie sich oft eine Fünfzig-zu-Fünfzig-Chance geben. Das heißt, Ihre Angst halbiert sich wenigstens.

4. Punkt: Denken Sie darüber nach, was Sie selbst alles tun können, um das Schlimmste zu verhindern, vor dem Sie sich fürchten. Diese Gedanken an Abwehr und Aktivität helfen Ihnen nicht nur, die Situation zu klären. Sie verwischen auch das Gefühl der Hilflosigkeit.

5. Punkt: Beantworten Sie die Frage: »Wann fange ich damit an, alles mir Mögliche zu tun, um die Angst auf ein Mindestmaß zu verringern?«

4. Spielen Sie den Angstgedanken einen Streich

Ich zweifle nicht im geringsten daran, daß nahezu alle meine Ängste nur in meiner Phantasie, also in meinen Gedanken existieren.

Wir fürchten uns, weil man uns gelehrt hat, daß bestimmte Dinge einfach furchterregend sind. Polizisten oder Schlangen, Vorgesetzte, dunkle Straßen, autoritäre Väter, Lächerlichkeit, Außenseitertum, Krebs, das Sterben und vieles andere mehr.

Wenn also eine Konfrontation mit einer Situation bevorsteht, vor der uns die Angst anerzogen wurde, reagieren unsere Gedanken sofort mit einem: »Au, verdammt« oder »Warum gerade ich?« Vielleicht sogar: »Schade, da habe ich nicht die geringste Chance.«

Ihre Gedanken reagieren automatisch mit Angst, weil Sie so programmiert sind. Warum programmieren Sie sie nicht einfach um?

Irgend jemand – die Eltern, die Lehrer, die Gesellschaft – hat Ihnen den Befehl eingegeben, in bestimmten Situationen Angst zu haben. Geben Sie sich jetzt selbst immer wieder den Gegenbefehl ein, programmieren Sie sich um.

Wenn Sie sich im Verlauf der bisherigen Lektüre dieses

Buches dazu entschlossen haben, sich einmal am Tag oder öfter in eine stille Ecke zu setzen, sich zu entspannen, Sorgen und Umwelt abzuschalten, um auf Ihre innere Stimme zu hören, haben Sie es leicht.

Was Sie dann tun sollten, ist einfach: Sagen Sie sich zwanzigmal hintereinander freundlich und zwanglos: »Angst ist mir völlig gleichgültig. Egal, was passiert.«

Sagen Sie es sich täglich zwanzigmal. Einfach so, ohne viel darüber nachzudenken. Ohne Tabletten, ohne tröstenden Alkohol oder die Beruhigungszigarette. Versuchen Sie einmal diese unkomplizierte Methode, sich selbst die Ängste auszureden, die andere Ihnen eingeredet haben.

Sie wirkt garantiert, wenn Sie sie täglich üben, bis sich die Wirkung ganz von selbst bemerkbar macht. Sie kostet nichts, also können Sie ohne Schaden ein, zwei Jahre üben. Das wäre ein enormer Vorteil der Beruhigungszigarette gegenüber, mit der viele Leute ihre Ängste zu bewältigen versuchen.

Finden Sie nicht auch?

13.
Jeder Erfolg beginnt damit,
daß wir ihn uns eindringlich genug vorstellen

Sie denken vielleicht, daß über Erfolg und Glück in Ihrem
Leben zuallererst Fleiß, Können und Leistungsfähigkeit entscheiden. Ich glaube, da irren Sie gewaltig. Über Erfolg und
Glück entscheidet vor allem anderen die Fähigkeit, sich
Erfolg und Glück eindringlich genug vorstellen zu können.
Tatsächlich ist es ja so, daß sich die meisten Menschen
ungleich öfter vorstellen, wie sie etwas *nicht* schaffen – und
warum. Sie sind Meister in den Argumenten, sich ihre schön-
sten Träume auszureden und Herausforderungen aus dem
Weg zu gehen. Sie alle kennen ja die Killerphrasen, mit denen
wir gelegentlich unsere Initiativen zu Fall bringen:
- »Das kann ich doch nicht tun, was würden denn da die
  anderen sagen.«
- »Das ist mir bisher noch nie gelungen, warum also diesmal?«
- »Bevor ich mich lächerlich mache, laß' ich es lieber bleiben.«
- »Das kann ich doch meiner Familie nicht antun.«
- »Das hat noch keiner geschafft, warum gerade ich?«
- »Da sollen sich lieber andere die Finger verbrennen, ich
  bin dafür schon zu alt.«

Untersuchen wir doch einmal der Reihe nach, was geschieht,
wenn wir etwas tun möchten:

1. Ein Wunsch wird uns bewußt

Irgendwoher trifft uns ein Wunschimpuls. Wir denken: »Ich möchte im Tennisclub in meiner Klasse die Meisterschaft gewinnen.« Oder: »Ich hätte das Zeug zum Abteilungsleiter in der Firma.« Oder: »Ich halte das Zusammenleben mit meinem Partner einfach nicht mehr aus. Ich muß mich von ihm trennen, sonst gehe ich seelisch daran zugrunde.«

2. Wir reagieren auf den Wunsch

Es gibt zwei Möglichkeiten, auf einen Wunsch zu reagieren: Wir verdrängen ihn, oder wir fördern ihn. In beiden Fällen spielt unsere Vorstellungskraft eine entscheidende Rolle:

● Entweder die Vorstellung aller Hindernisse und der eigenen Unzulänglichkeit ist so stark, daß wir zu dem Schluß kommen: »Dieser Wunsch ist für mich unerfüllbar. Da habe ich nicht die geringste Chance.«

● Oder wir finden Gefallen daran, uns vorzustellen, wie wir als Tennismeister den Pokal in Empfang nehmen, in das Büro des Abteilungsleiters einziehen oder uns aus der Umklammerung einer quälenden Beziehung befreien.

Vielleicht haben wir zu diesem Zeitpunkt noch nicht die geringste Ahnung, *wie* wir uns den Wunsch erfüllen könnten. Aber wir resignieren nicht von vornherein, sondern geben uns eine Chance.

3. Wir setzen uns mit den Zweifeln auseinander

Wenn wir uns heute vornehmen, einen Wunsch in die Tat umzusetzen, dann heißt das noch lange nicht, daß wir morgen früh noch genauso optimistisch darüber denken.
Morgen früh begehen wir vielleicht die Unvorsichtigkeit und

erzählen davon einem Freund. Der greift sich an die Stirn und sagt: »Mensch, du bist ja verrückt. Das kannst du doch nicht tun.« Dann führt er fünf Gründe an, warum wir das, was wir tun wollen, niemals schaffen können.

Den Gründen, die wir noch gestern für die Sache vorbrachten, stehen jetzt einige Zweifel gegenüber. Wobei Sie nicht wissen, warum der andere uns etwas ausreden will. Ist er wirklich besorgt? Würde er uns einen Erfolg nicht gönnen? Oder ist er von Natur aus ein ängstlicher Zweifler?

4. Wir ringen uns zu einer Entscheidung durch

Wenn bis zu diesem Zeitpunkt weder Zweifel noch gute Freunde uns davon abbringen konnten, den Wunsch zu erfüllen, gibt es wieder zwei Möglichkeiten:

- Wir schieben die Erfüllung auf die lange Bank, wo die Sache wahrscheinlich bald sanft aus unserer Phantasie entschwindet.
- Oder wir fällen die Entscheidung: »Ich nehme die Sache sofort in Angriff.«

Eine eindeutige Entscheidung programmiert unser Denken mit dem Befehl: »Ich schaffe es, auch wenn sich mir Hindernisse in den Weg stellen.«

An diesem Punkt unserer Untersuchung habe ich die Frage noch immer im Ohr, die manche Seminarteilnehmer immer wieder stellen: »Was geschieht, wenn ich mir eingeredet habe ›Ich schaffe es‹, aber ich schaffe es dann doch nicht?«

Die Antwort lautet:

- Vielleicht war Ihr »Ich-schaffe-es« nur halbherzig. Dann sollten Sie beim nächsten Versuch aus ganzem Herzen an sich glauben.
- Wenn Sie beim ersten Versuch Ihre eigenen Fähigkeiten

oder die Hindernisse unterschätzt haben, wissen Sie jetzt, woran Sie sind. Sie können aus der Erkenntnis lernen und beim nächsten Mal die Fehler vermeiden.

5. Die eindringliche Vorstellung treibt uns zum Erfolg

Auch wenn Sie ein unverbesserlicher Zweifler sind, werden Sie mir mit dieser Behauptung recht geben: Wenn ich täglich zehnmal denke »Ich schaffe es«, ist die Wahrscheinlichkeit eines Erfolges größer, als wenn ich mir zehnmal suggeriere »Das schaffe ich ja doch nie«. Es liegt wirklich ganz allein an Ihnen, mit welcher der beiden Vorstellungen Sie Ihre Phantasie programmieren.

Sicher ist, daß die meisten großen Leistungen von Menschen in den vergangenen Jahrhunderten nicht von phantasielosen Nörglern vollbracht wurden, sondern von Leuten, die sich bei jeder Gelegenheit einredeten, daß nichts, aber auch wirklich nichts, sie daran hindern würde, das zu tun, was sie tun wollten.

Wenn Sie meinen euphorischen Ausführungen über die Kraft der positiven Phantasie nicht recht glauben wollen, überzeugt Sie vielleicht die Idee eines gewissen Emile Coué. Er war Heilkundler und pflegte allen seinen Patienten einen eindringlichen Rat mit auf den Heimweg zu geben.

Er lautete:

»Schließen Sie am Morgen, bevor Sie aufstehen, und am Abend im Bett die Augen und sagen Sie sich zwanzigmal die Formel vor: ›Es geht mir mit jedem Tag in jeder Hinsicht immer besser und besser.‹«

Dieser Emile Coué gilt als Entdecker der Autosuggestion, und es gibt ganze Bücher voll mit Hinweisen und Beweisen dafür, welche Wirkung der oben erwähnte Satz auf manche

Menschen haben kann. Vielleicht interessiert es Sie auch, daß Coué zu der Erkenntnis kam: »Nicht der Wille ist die Antriebskraft unseres Handelns, sondern die Vorstellungskraft.«

Diese Erkenntnis hat sich die Werbewirtschaft längst zunutze gemacht. Sie gibt Millionen und Abermillionen dafür aus, unsere Phantasie in ihrem gewünschten Sinne zu beflügeln. Heute abend vor dem Fernsehschirm können Sie sich genauso davon überzeugen wie morgen früh an Plakatwänden, in Zeitungsanzeigen oder auf der Verpackung Ihrer Zigaretten. Ihre Vorstellungskraft wird so lange eindringlich beflügelt, bis Sie automatisch das tun, was man Ihnen einredet. Automatisch. Genau das gleiche geschieht, wenn Sie selbst Ihre Vorstellungskraft mit positiven Werbebotschaften füttern, bis Sie das ohne nachzudenken tun, was Sie sich vorgenommen haben.

Machen Sie es genauso wie die Werbeleute: Sanft, farbig, eindringlich und so lange, bis der Wunsch stärker geworden ist als alle Zweifel und Hindernisse.

Was hält Sie eigentlich noch davon ab, noch heute abend damit anzufangen, die Kraft Ihrer Vorstellung auf diese Weise zu trainieren?

14.
Der einfachste Weg, Sexualität und Erotik
wieder zur natürlichsten Sache der Welt zu machen

Ich bin sicher, daß die meisten von uns ihr Bedürfnis nach Liebe und Sexualität nicht annähernd auf jene Weise befriedigen, wie sie es sich wünschen. Meiner Meinung nach sind folgende fünf Gründe dafür verantwortlich:

1. Eine Moral, die fast alles verbietet, was auf natürliche Weise Spaß macht.
2. Die Maßstäbe und Illusionen, die uns von der Gesellschaft, den Fachleuten und den Medien vorgegeben werden, die so hochgesteckt sind, daß wir ihnen niemals gerecht werden können.
3. Die Angst, wir könnten versagen oder etwas falsch machen.
4. Die Ungeduld.
5. Die schon erwähnten verlogenen Rollen, die wir uns und anderen vorspielen, um zu verbergen, wie wir wirklich denken und sind.

Liebe und Sexualität, sollte man meinen, sind die natürlichsten Dinge der Welt. Wie Hunger und Durst, der Geltungsdrang oder das Bedürfnis nach Geborgenheit. Was aber ist daraus geworden, seit sich eine Milliardenindustrie ihrer bemächtigt hat?

● Aus der Liebe wurde ein melodramatischer Kitsch, ohne den keine Fernsehserie denkbar ist. In der Popmusik wird das Gefühl zur unrealistischen Sehnsucht hochstilisiert.

Selbst die Liebe zum Haustier wird gewinnbringend genutzt, wie man an der Fernsehwerbung sieht: Für Hunde- und Katzenfutter wird doppelt soviel geworben wie für Babynahrung.

- Aus der Sexualität machten Moralapostel und viele Wissenschaftler zuerst eine Todsünde und schließlich ein so kompliziertes psychologisches Problem, daß darüber Fachleute noch jahrzehntelang streiten werden.

Erst kürzlich las ich in einem Buch mit dem Titel »Was Freud wirklich sagte« folgendes über den berühmten Erfinder der Psychoanalyse:

»Freud stellt mit seiner ursprünglichen Triebtheorie das Seelenleben unter die Herrschaft des Lustprinzips. Danach wird das Ich von den unbewußten Triebwünschen im Es motiviert, Befriedigungsmöglichkeiten für diese Triebwünsche zu suchen. Später störte es Freud, daß diese seine Triebtheorie gewisse Aspekte des menschlichen Verhaltens nicht erklärte, die anscheinend jenseits des Lustprinzips lagen.«

Weiter heißt es: »Es war Freud aufgefallen, daß seine Ausgangshypothese, Lust entspreche einer Verringerung, Unlust einer Steigerung der im Seelenleben vorhandenen Erregungsquantitäten, nicht zur Erklärung aller Fakten ausreichte. Sie konnte einige dieser Fakten erklären, während andere anscheinend eine neue Theorie erforderten.«

Dann: »Zu diesen Fakten gehört die bekannte Tatsache, daß im normalen Sexualakt eine Tendenz besteht, den Orgasmus so lange wie möglich hinauszuschieben. Die gleiche Tendenz liegt in der Entschlossenheit, mit der das kleine Kind den Stuhl zurückhält, die Entleerung hinausschiebt, nicht nur, um seine Unabhängigkeit zu demonstrieren, sondern manchmal offensichtlich auch um des Hinausschiebens selbst willen. Wenn es richtig ist, daß Entspannung Lust bedeutet,

111

warum sollten dann Menschen dieses Ziel hinausschieben, sobald es erreichbar ist? Freud kam zu dem Schluß, dies geschehe zur Steigerung und Verlängerung der Lust auf dem Wege zum Höhepunkt.«

Schließlich schreibt der Autor des erwähnten Buches: »Kaum eine von Freuds Arbeiten ist so umstritten und hat unter Fachleuten Widerspruch herausgefordert wie diese.«

So verworren also stellt sich unser Sexualverhalten dar. Kein Wunder, daß die Wissenschaft noch weit davon entfernt ist, es erklären zu können. Wer noch zu seinen eigenen Lebzeiten darüber Bescheid wissen möchte, dem bleibt wohl nichts anderes übrig als ein Abonnement bei einem Psychiater. Oder er macht sich selbst ein paar Gedanken.

Während also die Experten weiter theoretisieren, können wir aus eigener Beobachtung zu dem Schluß kommen, daß es vermutlich sieben Gründe gibt, die zwei Menschen zum Sexualakt veranlassen:

1. Aus Gefälligkeit, Mitleid, Bequemlichkeit oder Gewohnheit.
2. Aus Angst, den Respekt des anderen zu verlieren oder von ihm verlassen zu werden. Oder auch aus Angst vor seiner Bedrohung.
3. Um etwas zu erreichen.
4. Um etwas zu vergessen oder vor etwas zu fliehen.
5. Aus dem Bedürfnis, seinen sexuellen Trieb zu befriedigen.
6. Um mit dem Partner eine begrenzte Zeit gemeinsamen Glücklichseins zu erleben.
7. Um ein Kind zu zeugen.

Vielleicht schockieren Sie solche ernüchternden Aufzählungen ein wenig. So erging es mir auch, als ich vor Jahren einige Zeit mit Scheidungsanwälten, Richtern und Sexualberatern über dieses Thema sprach. Hier sind ein paar der erstaunlichsten Beispiele, von denen ich erfuhr:

- Da war die Geschichte von dem Ehemann, der sich scheiden ließ, weil seine Frau sich ihm nur hingab, wenn er vorher eine größere Geldsumme auf das Nachtkästchen gelegt hatte.

- Da war der Ehemann, der regelmäßig in ein Bordell ging. Als seine Frau dahinterkam, gab ihm ein Freund den Rat: »Reden Sie doch einfach einmal ganz offen mit Ihrer Frau darüber, warum Sie zu Prostituierten gehen.« Er tat es, weil er dachte, seine Frau wäre entsetzt darüber, welche ausgefallenen Sexualpraktiken er sich wünschte.
Die Aussprache endete damit, daß sie ihm lachend sagte: »Du Dummkopf, das alles wollte ich doch auch immer schon tun, aber ich hatte schreckliche Angst, du könntest mich für eine Hure halten.«

- Dann war da der Vater, der seiner Tochter einredete, daß alle Väter mit ihren Töchtern sexuelle Beziehungen unterhalten. Als sie mit zwölf Jahren von ihm ein Kind erwartete, kam der Fall vor Gericht.

- Schließlich erfuhr ich noch von der Frau, die in ihrer fünfjährigen Ehe keine übliche sexuelle Beziehung hatte. Dafür schlug ihr Mann sie ein- oder zweimal im Monat und versicherte unter Tränen, er wolle ihr damit nur beweisen, wie sehr er sie liebe.
Als der Frau schließlich Bedenken kamen, ging sie zu ihrem Anwalt, und es kam zur Scheidung.

- Von dem Zwiespalt ungezählter junger Mädchen wissen Sie ja, die nur deshalb mit ihrem Freund ins Bett gehen, weil er ihnen gedroht hat: »Wenn du nicht mit mir schläfst, liebst du mich nicht, und dann ist es aus zwischen uns.«

Sexualität und Liebe – vermutlich gibt es nichts anderes in dieser Zeit, das zu größeren Mißverständnissen, zu ärgeren Verzweiflungstaten führt – Mord und Selbstmord inbegriffen

– und das so kaltblütig dazu benützt wird, andere Leute zu täuschen und auszunützen.

Was können wir, Sie und ich, dagegen tun?

Um ganz ehrlich zu sein: Ich kann diese Frage auch nicht beantworten. Aber ich kann sieben Schritte vorschlagen, die Ihnen vielleicht weiterhelfen. Vorausgesetzt natürlich, Sie setzen sich ernsthaft mit ihnen auseinander.

Erster Schritt:

Klären Sie ohne jede Hemmung, wie Sie sich Ihre eigene sexuelle Befriedigung vorstellen. Vergessen Sie einmal alles, was ein richtiger Mann tun muß, um männlich zu sein. Machen Sie sich als Frau von allen Vorurteilen frei, wie sich eine anständige Frau zu verhalten hat. Lassen Sie verdrängten Phantasien und Wünschen freien Lauf.

Zweiter Schritt:

Machen Sie Inventur mit Ihrem tatsächlichen Sexualverhalten und Ihrer Liebesbeziehung. Schlafen Sie mit Ihrem Partner aus Liebe, aus Gewohnheit oder einfach nur aus Gefälligkeit? Oder tun Sie es, um ihm – und vielleicht auch sich selbst – irgend etwas zu beweisen?

Dritter Schritt:

Vergleichen Sie Ihre geheimen sexuellen Wünsche mit der Realität, mit der Sie täglich leben, und machen Sie sich bewußt, in welchen Punkten das eine mit dem anderen nicht übereinstimmt.

114

Vierter Schritt:

Forschen Sie nach den Ursachen dieser Diskrepanz. Was ist schuld daran, daß Ihre sexuellen Träume sich nicht so erfüllen, wie Sie es sich wünschen?

- Liegt es an Ihnen?
- Liegt es am Partner?
- Ist es Ihre Beziehung, von der Sie sich nicht befreien können?
- Haben Sie jemals mit dem Partner darüber offen gesprochen, oder haben Sie Angst davor?
- Gab es ein schockierendes Erlebnis in Ihrer Kindheit, von dem Sie bis heute nicht losgekommen sind?

Fünfter Schritt:

Überlegen Sie, was Sie tun können, um Wünsche und Realität einander näherzubringen. Grundsätzlich gibt es zwei Möglichkeiten:

- Den offensiven Weg: Sie ändern sich selbst in Ihrer Einstellung zu sich, zu Liebe, Sexualität und dem Leben. Schon die Entscheidung, sich selbst zu lieben, ehe Sie von einem Partner Liebe und Sex erwarten, kann Ihr Leben verändern.
- Den defensiven Weg: Sie trennen sich von einem Partner, wenn Sie keine Chance sehen, das Problem gemeinsam zu lösen.

Sechster Schritt:

Fällen Sie eine Entscheidung darüber, was Sie konkret zu tun gedenken. Lassen Sie mich diese sechs Wörter noch einmal eindringlich wiederholen: Was Sie zu tun gedenken. Das bedeutet:

- Sie geben niemand anderem die Schuld dafür, daß die Dinge nicht so sind, wie Sie es sich wünschen, sondern übernehmen selbst die Verantwortung dafür.
- Sie erwarten auch von niemand anderem, daß er das für Sie tut, was Sie sich wünschen. Sie tun es selbst.

Siebenter Schritt:

Machen Sie sich bewußt, wie wichtig es ist, an die geplante Veränderung mit der richtigen Einstellung heranzugehen:

- Mit der Überzeugung, daß die Erfüllung des Bedürfnisses nach Liebe mit der Liebe zu sich selbst beginnt.
- Mit der inneren Sicherheit, daß Sie an sich selbst mehr glauben als an irgend jemand anderen. Das ist die Voraussetzung dafür, sich nie wieder jemand anderem hoffnungslos auszuliefern.
- Mit dem Wissen über die Regeln des Zusammenlebens in der Partnerschaft, von denen in einem früheren Kapitel schon die Rede war.

Es mag sein, daß diese Vorschläge nur einen Bruchteil der Probleme behandeln, die Sexualität und Liebe uns bereiten. Eines allerdings können sie bewirken: Daß Sie neu anfangen, diese zwei wichtigen Lebensbedürfnisse von einem neuen Blickwinkel aus zu betrachten.

15.
Wie man seine Visionen mit der Realität des Alltags in Einklang bringt

Ich stelle mir vor, daß die Konstruktion unseres Lebens auf drei Säulen ruht:

- Auf der Säule unserer persönlichen Visionen.
- Auf der Säule der Realität, mit der uns die Umwelt täglich konfrontiert.
- Auf der Säule der Strategie, mit der wir Visionen und Realität in Einklang bringen.

Wer nicht imstande ist, damit richtig umzugehen, hat vermutlich keine Chance, jemals wirklich glücklich zu sein. Lassen Sie uns deshalb ein wenig ausführlicher damit beschäftigen.

Die meisten Probleme unseres Lebens entstehen aus den Widersprüchen zwischen dem, was wir uns erträumen, und den Hindernissen, die sich uns entgegenstellen:

- Wir möchten manchmal jemandem gerne ins Gesicht schreien, daß wir ihn für einen verdammten Idioten, einen Leuteschinder und einen verlogenen Schweinehund halten. Es wäre uns ein echtes Bedürfnis. Es würde uns von dem gewaltigen inneren Druck des Zorns, der Enttäuschung oder einer Erniedrigung befreien. Trotzdem erfüllen wir uns dieses Bedürfnis nicht. Wir unterdrücken es, weil wir gelernt haben, daß man als wohlerzogener Mensch das nicht tut.
- Wir begegnen gelegentlich einem Menschen, der vom

ersten Augenblick an auf uns eine starke erotische Wirkung ausübt. Am liebsten würden wir zu ihm hingehen und sagen: »Hören Sie, ich bin ganz verrückt nach Ihnen, hätten Sie keine Lust, jetzt gleich mit mir ins Bett zu gehen?« Natürlich hören wir immer wieder von Leuten, die sich genauso verhalten. Aber tun Sie es auch? Erfüllen Sie sich einen sexuellen Wunsch, wenn er anfängt, Sie zu beunruhigen?

Vermutlich verdrängen Sie ihn. Weil Sie verheiratet sind, weil Sie sich keinen Korb holen oder sich nicht lächerlich machen wollen.

- Vielleicht gehören Sie zu jenen, die schon seit langer Zeit mit dem Rauchen, dem übermäßigen Trinken oder Essen aufhören wollen. Sie träumen davon, willensstark zu sein. Möglicherweise versuchen Sie sich selbst einzureden: »Ich könnte ja jederzeit damit aufhören, aber...«

Ein Großteil unseres Denkens dreht sich um solche Zwiespälte zwischen Wollen auf der einen und dem Können und Dürfen auf der anderen Seite. In den meisten Fällen ist es so, daß wir unsere schönsten Visionen verdrängen, um vor der Mitwelt das Gesicht nicht zu verlieren.

Mit anderen Worten: Die Erwartungen anderer Leute, der Gesellschaft, der Moral oder des Staates beeinflussen unser Leben viel mehr, als die Erwartungen, die wir selbst für unser Leben haben. Wir unterdrücken unsere eigenen Wünsche zum Vorteil anderer.

Wir opfern uns für die Visionen der Leute auf, die es verstehen, uns abhängig zu machen: von immer neuen Modetrends, vom noch komfortableren Auto, von den Zielen einer Partei oder einer Ideologie und anderem mehr.

Der Trick besteht darin, daß sie es uns so einfach machen, schwach zu werden. Sie reden uns nicht nur ihre Visionen ein, sie verkaufen uns postwendend auch deren Erfüllung. Davon leben sie. Sie bauen gewaltige Imperien mit nichts anderem auf als mit der Unfähigkeit von Millionen Menschen, sich ihre eigene, ganz persönliche Welt zu gestalten:

- Mit einer eigenen Vision für ihr Leben.
- Mit der Fähigkeit, sich die Realität einzugestehen und aus eigener Kraft zu meistern.
- Und mit der richtigen Strategie, sich selbst an jedem Tag öfter glücklich als unglücklich zu machen.

»Die eigene, persönliche Vision für sein Leben«, was ist damit gemeint?

Ganz einfach: Wie wir uns das glückliche Leben vorstellen. Wie *wir* es uns vorstellen. Nicht wie die anderen es uns einreden. So einfach und selbstverständlich das auch klingt, die meisten Leute haben keine eigene Vision für sich. Sie haben praktische Wünsche wie »Ich möchte gesund bleiben«, abstrakte Träume wie »Auf der Welt soll Frieden herrschen«. Vielleicht auch: »Mein größter Traum wäre eine Reise um die Welt.«

Aber soll das schon alles sein, wofür wir den Rest des Lebens alle unsere Energie, Konzentration und Leidenschaft einsetzen sollen?

Was mich betrifft, so lautet meine persönliche Vision: »Ich will an jedem Tag meines Lebens so glücklich und frei sein, wie es mir möglich ist. Ich will arbeiten, was mir Freude macht. Ich will unverwundbar sein gegen alle Angriffe und mein Leben so führen, wie es mir entspricht.«

Ich weiß, das ist eine utopische, egoistische und sehr eigenwillige Vision. Vermutlich wird es mir nicht gelingen, sie jemals so zu erfüllen, wie ich es mir wünsche. Aber das stört mich nicht. Ihr unbezahlbarer Vorteil besteht darin:

- Ich weiß selbst, was ich will, deshalb ist es für andere

Leute schwierig, mich für ihre eigenen Absichten einzuspannen.

- Mir ist an jedem Tag vom Augenblick des Aufwachens an klar, wofür ich an diesem Tag leben werde: nicht für eine Firma, nicht für die Ziele anderer Leute oder um bei irgend jemandem Eindruck zu schinden. Ich lebe, um mich zuallererst selbst glücklich zu machen, ehe ich andere Leute an diesem Glück teilhaben lassen kann.

- An jedem Abend kann ich feststellen, ob ich im praktischen Leben meiner Vision nähergekommen bin oder nicht. Ich frage mich: »War ich heute mehr glücklich als unglücklich?«

Das bedeutet nichts anderes als: War meine Vision (und der Glaube, daß ich sie mir erfüllen kann), stärker als die Hindernisse, die sich ihr in den Weg stellten? Und wenn es so war: Was kann ich daraus für morgen lernen?

Die Erfüllung meiner Vision hängt davon ab, wie stark ich bin, um mit der Realität fertig zu werden. Drei Eigenschaften sind dafür erforderlich:

Erstens: Ich muß die Realität erkennen und anerkennen, statt sie zu verleugnen oder vor ihr die Flucht zu ergreifen.

Ich erinnere mich noch gut an den Satz eines Textilkaufmannes, der in einem Seminar über glückliches Leben selbstgefällig kundtat: »Was man nicht darf, das unterdrückt man besser. Sonst hat man im Leben nichts als Schwierigkeiten.« Ist das wirklich das Rezept für glückliches Leben: Man unterdrückt die Konfrontation mit der Realität, um keine Schwierigkeiten zu haben?

Ich zweifle nicht daran, daß genau diese Einstellung es ist, die so viele Menschen in Schwierigkeiten bringt. Denn das persönliche Glück können wir nicht dadurch finden, daß wir vor den Hindernissen davonlaufen, die ihm im Wege stehen, sondern allein dadurch, daß wir sie bewältigen.

Zweitens: Ich muß die Realität entschlossen verändern, wenn es mir möglich ist. Aber ich muß auf das verzichten, was ich nicht ändern kann.

Die meisten Menschen verwenden mehr Energie darauf, über das zu klagen, was sie nicht ändern können, als sich für die Erfüllung des Möglichen einzusetzen. Ihre Formel lautet: »Ich möchte es ja ändern, aber man läßt mich nicht.«

Unsere Welt ist voll von solchen Möchtegerntypen:

- Sie möchten gerne eine gute Ehe führen, aber der Partner ist schuld daran, daß es nicht klappt.
- Sie möchten anständige, ordentliche, fleißige Kinder großziehen, aber die mißratenen Bengel denken gar nicht daran, das zu tun, was ihre Eltern von ihnen erwarten.
- Alle Politiker haben nichts anderes als unser Wohl im Auge. Aber wir undankbaren Bürger wählen immer die falschen Politiker.
- Alle fordern Umweltschutz, aber es gibt viel zu viele Industrien, die unsere Welt verschmutzen, um den Luxus produzieren zu können, ohne den wir nicht leben wollen.

Und so weiter, und so weiter.

Die Realität ist das, was tatsächlich geschieht, und nicht das, was wir erhoffen oder fordern. Letzten Endes ist Ihre und meine Realität das, was Sie und ich praktisch an jedem Tag tun.

Drittens: Wir brauchen eine sinnvolle Strategie, um unsere Träume, Wünsche und Visionen mit der Realität in Einklang zu bringen. In Einklang bringen heißt: Entweder wir ändern oder wir verzichten.

Die weitaus meisten Menschen verändern an ihrem Leben nur deshalb nichts, weil sie nicht wissen, womit und wie sie anfangen sollen. Sie können sich nicht entscheiden, was für sie wichtiger und was weniger wichtig ist. Aber selbst dann, wenn sie es wüßten, hätten sie keine Ahnung, wie sie es verändern könnten.

Hier ist in einem Satz die Lösung dieses Problems: Verändern Sie alles, was Sie in Ihrem Leben zum Besseren ändern wollen, in kleinen machbaren Schritten.

Ich wiederhole die Formel dieser wunderbaren, einfachen und für jedermann geeigneten Strategie noch einmal: Verändern Sie alles, was Sie in Ihrem Leben zum Besseren ändern wollen, in kleinen machbaren Schritten.

Niemals vorher war mir die Bedeutung dieses Satzes so klar wie bei meinen Versuchen, Leuten dabei zu helfen, sich das Rauchen abzugewöhnen. Meistens begannen unsere Gespräche mit dem Hinweis: »Ich habe es ja schon einige Male versucht, aber ich schaffe es einfach nicht.«

Ich fragte dann meistens: »Warum wollen Sie sich das Rauchen eigentlich abgewöhnen? Man weiß, daß es den Kreislauf belebt, das Langzeitgedächtnis fördert, und vermutlich hilft es Ihnen dabei, sich zu entspannen, sich Mut zu machen oder eine Niederlage besser zu bewältigen.«

Oder ich fragte: »Haben Sie schon einmal darüber nachgedacht, warum Sie rauchen?«

Ich kann mich an niemanden erinnern, der von sich aus auf solche Gedanken gekommen wäre. Kaum einer wußte überhaupt, wie viele Zigaretten er täglich verpaffte. Die häufigste Antwort war: »Viel zu viel.«

Lassen Sie es mich deutlich sagen: Sie alle wollten sich das Rauchen abgewöhnen, das war ihre Vision. Aber niemand von ihnen nahm sich die Mühe, sich mit der Realität ihres Handelns konkret auseinanderzusetzen. Mit den Ursachen und Erscheinungen der Gewohnheit, die sie verändern wollten. Statt diese Realität mit ihrem Wunsch in Einklang zu bringen, gingen sie ihr aus dem Weg.

Es war gar nicht einfach, dies den Leuten bewußt zu machen. Viele von ihnen wollten es gar nicht wissen. Sie wollten von mir ein Wunderrezept hören, statt über die Details einer Sache zu reden, die ihnen unangenehm war. Bei manchen nützte auch mein Hinweis nichts: »Bevor Sie sich etwas abgewöhnen können, sollten Sie wissen, warum Sie es sich überhaupt angewöhnt haben.«

Nach diesem Versuch der Bewußtmachung ging ich einen Schritt weiter. Ich bat, man sollte doch einmal mit mir gemeinsam das Ritual des Rauchens einer Zigarette durchspielen.

- Man nimmt eine Schachtel mit Zigaretten aus der Tasche. Schon die Marke sagt sehr viel über den Raucher aus. Möchte er der Abenteurer der Marke »Camel« sein oder der Cowboy, mit dem »Marlboro« wirbt? Sucht jemand bereits durch die Markenwahl einen Ersatz für seine reale Persönlichkeit? Was oder wer möchte er durch das Rauchen sein?

- Der Raucher nimmt dann eine Zigarette aus der Schachtel und steckt sie zwischen die Lippen. Er holt das Feuerzeug aus der Tasche und konzentriert sich auf das Anzünden. Ist es nicht sehr wahrscheinlich, daß dieser Vorgang, der den Mund, beide Hände und das Anzünden selbst betrifft, jemanden sehr erfolgreich von dem Ärger ablenkt, oder auch von der Angst, die er bewältigen möchte?

- Es folgt der erste, genußvolle, tiefe Zug aus der Zigarette. Und das Ausatmen. Das ruhige, lange Ausatmen, das jeder immer wieder üben muß, der das Meditieren beherrschen möchte. Allerdings ohne dabei Teer und Nikotin in seiner Lunge zu hinterlassen.

Alles das ist die Realität des Rauchvorgangs, die man sich

bewußt machen sollte, ehe man daran geht, sich die Vision zu erfüllen, es in Zukunft bleiben zu lassen. Viele Menschen scheitern nur deshalb bei ihren Versuchen, weil sie weder wissen, warum, wieviel oder bei welchen Gelegenheiten sie rauchen.

Hier ist nun die Strategie der kleinen machbaren Schritte, die ich den Rauchern damals empfahl:

Ich fragte sie, welche denn ihre tägliche Lieblingszigarette sei. Die meisten sagten, es sei die Zigarette vor oder nach dem Frühstück.

Also gab ich ihnen den Rat, vom nächsten Morgen an diese eine Zigarette wegzulassen. Die restlichen 19, 29 oder 39 Zigaretten könnten sie rauchen, wann sie Lust dazu verspürten. Und das so lange, bis sie richtigen Spaß daran bekämen, täglich auf die eine Zigarette zu verzichten.

Ich forderte sie auch auf, sich für diese Leistung selbst immer zu loben und keinesfalls zu denken: »Was ist das schon für eine Leistung, sich eine einzige mickrige Zigarette abzugewöhnen?«

Schließlich riet ich den Leuten noch, mit dem Abgewöhnen der zweiten und dritten Zigarette des Tages wirklich erst dann zu beginnen, wenn sie richtig wild darauf wären, sich zu beweisen, daß sie auch das schaffen könnten.

Nach einem Jahr ergab meine Statistik folgendes:

Von den rund 80 Rauchern konnte ich 19 nicht davon überzeugen, daß die Strategie der kleinen Schritte ihnen helfen könnte. Sie versuchten es erst gar nicht.

Von den anderen 61 meldeten sich 25 schon nach drei bis vier Wochen wieder, um stolz mitzuteilen, sie rauchten jetzt überhaupt keine einzige Zigarette mehr. Die anderen 36 ließen sich bis zu einem halben Jahr Zeit. Einer sogar acht Monate.

Was mich an diesem Versuch am meisten beeindruckte, war die Tatsache, daß von den 25 ungeduldigen Abgewöhnern ungefähr 60 Prozent nach einem Jahr wieder rauchten. Von den 36 Geduldigen wurden nur fünf Prozent wieder rückfällig.

Natürlich kann mit dieser ziemlich oberflächlichen Beobachtung nichts bewiesen werden. Das ist auch nicht meine Absicht. Ich selbst ziehe nur daraus den Schluß, daß jemand, der sich bei der Veränderung einer Gewohnheit genug Zeit läßt und in kleinen machbaren Schritten vorgeht, offensichtlich größere Chancen auf einen Erfolg hat als jemand, der es eilig hat.

Wenn Sie daran interessiert sind, die Strategie der kleinen machbaren Schritte an sich selbst auszuprobieren, dann sind hier noch einige Hinweise:

1. Wie phantastisch, unmöglich oder verboten eine Vision auch sein mag, nach der Sie Ihr Leben einrichten wollen – sagen Sie nie von vornherein: »Das schaffe ich ja doch nie.« Oder: »Was würden denn da die anderen sagen.«

2. Konkretisieren Sie die Vision, beschäftigen Sie sich täglich immer wieder damit, freuen Sie sich darauf. Bis der Wunsch und der Glaube daran immer stärker werden.

3. Machen Sie sich die Realität bewußt. Konkretisieren Sie, warum Sie sich gerade diese Vision erfüllen wollen, genauso bewußt wie die Hindernisse, die ihr im Wege stehen.

4. Versuchen Sie nicht, das Ziel schon morgen zu erreichen. Sagen Sie sich vielmehr: »Ich habe für diese Sache den Rest meines Lebens Zeit.«

5. Dann machen Sie den ersten machbaren Schritt. Beobachten Sie sich dabei. Nehmen Sie sich Zeit, die Ursachen, Wirkungen und Fehler immer besser zu erkennen. Und noch etwas: Genießen Sie jeden kleinen Erfolg, ehe Sie mit dem nächsten Schritt beginnen.

Das ist die Strategie der kleinen machbaren Schritte, mit der Sie Ihre Visionen mit der Realität in Einklang bringen können.

Es mag sein, daß bei meinen Anmerkungen und Hinweisen manche Frage offen geblieben ist. Aber, um ganz ehrlich zu sein: Es war auch gar nicht meine Absicht, Ihnen die Mühe abzunehmen, diese Strategie so lange zu erproben, bis Sie Ihre ganz persönliche Art der Anwendung gefunden haben.

16.
Wie man lernt,
sich mit dem Sterben anzufreunden,
damit man das Leben
nicht mehr zu fürchten braucht

Vielleicht halten Sie es für völlig unangebracht, sich in einem Buch über das Glück des Lebens mit dem Sterben zu beschäftigen. Mich würde es auch nicht wundern, wenn sich der eine oder andere Leser über dieses Kapitel hinwegschwindelte. Schließlich leben wir in einer Zeit des bequemen Verdrängens aller Dinge, die uns unangenehm sind.

Statt mit dem Partner gemeinsam Probleme zu lösen, täuschen wir Geschäftigkeit vor. Weil es uns zu mühsam ist, selbst über den Sinn unseres Lebens nachzudenken, überlassen wir es lieber anderen. Manche sorgen sich ja auch um die Menschen in der sogenannten Dritten Welt viel mehr als um den Nachbarn nebenan.

Was nicht dem heilen, gewohnten Weltbild entspricht, an das wir uns klammern, verdrängen wir ganz einfach und bilden uns ein, es wäre damit schon gelöst.

Ganze Industrien sind damit beschäftigt, uns bei der Flucht vor uns selbst behilflich zu sein. Nur mit dem Sterben klappt es nicht so recht. Ob wir nun ein paar Jahre länger oder kürzer leben, der Tod ist und bleibt eine persönliche Angelegenheit, der sich keiner durch Flucht entziehen kann.

Liegt es da nicht nahe, sich mit ihm beizeiten anzufreunden, statt ein Leben lang einer Tatsache aus dem Weg zu gehen, die unabänderlich ist?

Sich mit dem Sterben anzufreunden, ist für viele Menschen genauso unvorstellbar, wie sich mit Schmerzen, einer Krankheit oder einem Todfeind anzufreunden.

Oder einem Nierenstein, mit dem wir uns in Krämpfen winden.

Es ist schon ziemlich lange her, seit ich dem Mann mit dem Nierenstein begegnete. Er berichtete von einem Erlebnis, das ich seither dutzendfach weitererzählte.

Ich hatte in einer Fernsehsendung, in der ich Gast war, von Möglichkeiten gesprochen, mit unseren Ängsten fertig zu werden. Das einfachste, so sagte ich, wäre es, einmal am Tag das zu tun, vor dem man sich am meisten fürchtet.

Diese Bemerkung löste eine Flut von Zuschriften aus. Manche Zuseher meinten, einen so primitiven Rat noch nie gehört zu haben. Andere wieder berichteten von eigenen Erfahrungen. So erfuhr ich die Geschichte des Mannes mit dem Nierenstein, die er in der nächsten Sendung vor der Kamera erzählte. Es ging dabei um folgendes:

Der Mann war schon um die Sechzig, als er mit zunehmender Häufigkeit von Krämpfen geplagt wurde. Der Hausarzt schickte ihn zu einem Urologen, der ihm nach eingehender Untersuchung mitteilte: »Mein lieber Freund, Sie haben einen Nierenstein, der nicht ganz ungefährlich ist.«

Wahrscheinlich, so meinte der Experte, müsse er operieren. Der Patient sollte aber vorher noch eine Woche lang versuchen, den Störenfried aus dem Körper zu schwemmen. Mit viel Tee und Mineralwasser. Förderlich sei es auch, einige Male täglich die Stiegen auf und ab zu laufen.

Der Mann mit dem Nierenstein ging also nach Hause. Er hatte Angst. Vor der nächsten Kolik und natürlich auch vor der Operation, die ihm angekündigt worden war. Später erzählte er: »In dieser Situation faßte ich den Entschluß, mich mit dem Gegenstand meiner größten Furcht ganz einfach anzufreunden.«

Er trank Unmengen von Flüssigkeit und lief die Stiegen rauf und runter, vor allem aber setzte er sich zweimal am Tag in eine stille Ecke und sprach zehn oder fünfzehn Minuten lang mit seinem Nierenstein.

Er sagte: »Hör zu, mein Lieber. Ich verstehe, daß du gerne aus meinem Körper heraus an die frische Luft kommen möchtest. Aber du mußt verstehen, daß ich dabei nicht leiden möchte. Mache es also so sanft und so unblutig, wie es dir möglich ist.« Und so weiter, und so weiter.

Um es kurz zu machen: Am Tag vor der Operation spürte der Mann den Drang, auf die Toilette zu gehen. Dort verließ ihn der Nierenstein auf eine sehr friedliche Weise. Ehe der Mann die Wasserspülung betätigte, gab er seinem liebgewonnenen Freund noch ein paar dankende Abschiedsworte mit auf den Weg.

Ich erzähle diese Geschichte nicht nur deshalb gern, weil sie auf einfache Weise die Philosophie der Gewaltlosigkeit erklärt, sondern weil es mir noch nie passiert ist, daß die Zuschauer sie nicht mit Witzen und Gelächter verfolgt hätten.

Die Erzählung bewirkt also bei den Zuhörern genau das, was der Mann durch sein Verhalten hervorrief: eine entspannte Grundeinstellung.

Er hatte nach seinem Besuch beim Urologen zwei Möglichkeiten:

- Entweder eine Woche lang Angst und zunehmende Verkrampfung an Körper und Geist.
- Oder das regelmäßige Einüben der Entspannung durch Selbstgespräche, das ohne Zweifel dem Abgang des Nierensteins förderlich war.

Auch wenn diese Geschichte in ihrer hausbackenen Art auf manchen vielleicht ein wenig lächerlich wirkt, für mich ist sie der lebensnahe Ausdruck einer Grundeinstellung, die unser ganzes Leben verändern kann. Sie lautet: »Anfreunden statt fürchten.« Oder auch: »Verstehen statt bekämpfen.«

Ich weiß nicht, ob Ihnen schon einmal aufgefallen ist, daß unser tägliches Leben vorwiegend von aggressiven Verhaltensnormen bestimmt wird, die sich in unserem Denken widerspiegeln:

- Wir nehmen uns vor: »Ich muß mich eben dazu zwingen.«
- Oder: »Diese Aufgabe erfordert meine ganze Willenskraft.«
- Oder: »Da muß ich mich durchboxen.«
- Oder auch: »Ich komme ans Ziel. Wenn es sein muß, gehe ich über Leichen.«

Diese Einstellung darf uns nicht wundern. Wir werden schließlich das ganze Leben lang auf Aggression eingestimmt: Lehrer bedrohen uns, der Staat erpreßt uns, die Eltern schimpfen und bestrafen, weil sie nicht die Geduld haben, uns auf friedliche Weise zu überzeugen. Selbst die Kirche setzt uns ständig mit Ermahnungen unter moralischen Druck, statt uns mit ihrem »Prinzip Liebe« zu überzeugen.

»Wenn du Frieden willst, freunde dich mit deinem Todfeind an. Wenn du das Sterben fürchtest, mache es zu deinem Gefährten.« Ich habe vergessen, wer mir als kleinem Jungen diesen Satz einmal sagte. Wüßte ich es, wäre er mein nächster Kandidat für den Friedensnobelpreis.

Ob Sie es mir glauben oder nicht, aber diese zwei Sätze haben im Laufe der Jahre mein Leben verändert. Es hat lange gedauert, ehe ich ihren tiefen Sinn überhaupt verstand. Vermutlich wird es den Rest meines Lebens in Anspruch nehmen, bis ich gelernt habe, wirklich danach zu leben.

Aber ich bemühe mich darum auf meine Weise, wenn ich an jedem Morgen eine Viertelstunde lang nichts anderes tue, als mich mit mir selbst, dem Leben und dem Sterben anzufreunden.

Obwohl von der Technik dieser Meditation auf den vorangegangenen Seiten schon mehrmals die Rede war, möchte ich sie in diesem Zusammenhang neuerlich wiederholen:

Ich setze mich still in eine Ecke meines Arbeitszimmers. Den Rücken gerade, die Schultern ganz locker und entspannt, die Hände liegen im Schoß. Ich habe die Augen geschlossen und atme ganz ruhig, ohne mich besonders dazu zu zwingen. Um es anders zu sagen: Ich freunde mich damit an, wie der Körper selbst atmen möchte, statt ihm einen Rhythmus aufzuzwingen.

Anfangs zähle ich meine Atemzüge, wobei ich darauf achte, daß mein Ausatmen länger dauert als das Einatmen. Wenn ich dann immer ruhiger werde und sich meine hastigen Gedanken allmählich in den Hintergrund verziehen, stelle ich mir vor, wie ich beim Einatmen eins werde mit mir und der ganzen Welt.

Beim Ausatmen stelle ich mir vor, wie ich auf meinem Atem hinaus in das Universum fliege. In die Unendlichkeit. Vielleicht in den Tod, wie immer er auch aussehen mag.

Das, wie gesagt, ist meine tägliche Übung, um mich mit mir, der Welt, mit Freund und Feind, Schmerz und Krankheit, Leben und Tod anzufreunden. Es ist meine ganz persönliche Alternative zur Aggression unserer Erziehung, die doch immer wieder nur zu neuen Aggressionen führt.

Vielleicht dient Ihnen diese Beschreibung als Ermunterung, in Ihrem Leben ein paar Dinge anders zu betrachten als bisher. Auch den unvermeidlichen Tod, der möglicherweise seinen Schrecken verliert, wenn Sie lernen, sich mit dem Leben anzufreunden. Und umgekehrt.

17.

Wer niemals aufhört, Fragen zu stellen,
hält das Tor zum wahren Wissen offen

Manchmal teile ich – mehr im Spaß als tierisch ernst – die
Leute in zwei Gruppen ein: In die Wissenden, die nie aufhören, Fragen zu stellen. Und in die Dummen, die so tun, als
wüßten sie schon alles. Nicht selten ertappe ich mich natürlich auch dabei, wie ich es selbstgefällig genieße, wenn andere
Leute arglos alles glauben, was ich behaupte.

Vieles glauben sie mir nicht etwa, weil sie davon überzeugt
sind, daß ich recht habe. Nein. Sie sind nur zu faul, meine
Behauptungen in Frage zu stellen.

Wenn Sie die vorangegangenen Kapitel über die Vorstellungen des glücklichen Lebens aufmerksam gelesen haben, ist
Ihnen vielleicht aufgefallen, daß sie eine einzige Ermunterung
sind, sich selbst Fragen zu stellen und Antworten darauf zu
finden.

Wenn dieses Buch für Sie einen Nutzen haben soll, dann nur,
wenn Sie imstande sind, drei Fragen zweifelsfrei zu beantworten:

1. Bin ich glücklich oder bin ich es nicht?
2. Wenn Sie glücklich sind, können Sie das Buch getrost zur
   Seite legen. Wenn nicht, bleibt es Ihnen nicht erspart, sich
   weiter zu fragen: Was hindert mich daran, so glücklich zu
   sein, wie ich sein möchte?
3. Wenn Sie darauf die Antworten gefunden haben und
   wirklich nur dann, folgt Frage Nummer drei: Was kann

ich selbst tun, um mich für den Rest meines Lebens glücklich zu machen?

Als ich mit zwanzig Jahren zum erstenmal eine Zeitungsredaktion betrat, rief mich mein Lokalchef, ein abgebrühter älterer Haudegen, zu sich und belehrte mich: »Hör einmal zu, mein Junge. Ob aus dir ein guter oder ein miserabler Journalist wird, hängt einzig und allein davon ab, ob du imstande bist, immer und überall die richtigen Fragen zu stellen.«

Und dann betete er mir seine sechs Gebote des guten Reporters vor:

- Frage nach dem Wer.
- Frage nach dem Was.
- Frage nach dem Wann.
- Frage nach dem Wo.
- Frage nach dem Wie.
- Frage nach dem Warum.

Diese erste Begegnung mit meinem Beruf prägte mich vermutlich so stark wie manchen die erste Konfrontation mit der Sexualität. Sie erweckte eine lebenslange Lust in mir, stets noch ein bißchen mehr zu erfahren, als ich schon wußte. Immer war da noch eine Frage, für die ich nach einer Antwort suchte.

Das Fragen ist der Anfang alles Wissens.

Die Fragen nach dem Wer, Was, Wann, Wo und Wie helfen uns dabei, die Realität des Lebens zu erkennen. Das Warum führt uns auf den Weg, ihren Sinn zu verstehen und Lösungen zu finden.

Die Frage nach dem Warum kann tatsächlich unser Leben verändern. Vorausgesetzt natürlich, wir machen auf richtige Weise praktischen Gebrauch davon.

Manche Leute lösen ihre Probleme nur deshalb nicht, weil sie nicht imstande sind, sich aus der Vorstellung zu lösen: »Das kann ich nicht« oder »Das weiß ich nicht.« Sie verschanzen sich geradezu hinter dieser Sperre der Untätigkeit und des Selbstbedauerns. Ihr ganzes Denken ist nur auf ihren Mißerfolg fixiert.

Wer lange genug mit dieser Einstellung lebt, fängt an, daran Gefallen zu finden. Er fühlt sich sicher in seinem Schneckenhaus und sagt sich: »Wenn ich meinen Kopf nicht herausstrecke, kann ich auch keine Fehler machen.«

Bei meinem Umgang mit Leuten, die sich das Zigarettenrauchen abgewöhnen wollten, konnte ich immer wieder beobachten, wie die Frage »Warum?« eine völlig andere Einstellung zu sich selbst bewirken konnte. Wenn jemand sagte: »Ich habe es ja schon zehnmal versucht, aber ich schaffe es ja doch nicht«, hatte ich mir zur Gewohnheit gemacht, drei Fragen zu stellen:

1. Warum wollen Sie sich denn das Rauchen abgewöhnen?
2. Warum rauchen Sie denn überhaupt?
3. Wie viele Zigaretten haben Sie gestern geraucht?

Ich kann mich gar nicht daran erinnern, daß mir ein einziger dieser Raucher auf alle drei Fragen konkrete Antworten hätte geben können. Sie wollten ein für sie wichtiges Problem lösen, aber sie wußten nichts über dieses Problem, weil sie sich keine Fragen stellten.

Sie stellten sich keine Fragen, weil sie Angst vor realistischen Antworten hatten. Sie wollten ihr Problem gar nicht konkret kennenlernen und nach möglichen Lösungen forschen. Und warum nicht? Weil es viel bequemer war, sich selbst zu bedauern und dem Schicksal, der Umwelt und anderen Leuten die Schuld für alles zuzuweisen.

Wer die Kunst, glücklich zu leben, ernsthaft lernen will, kommt nicht umhin, seine Fragen in zwei Richtungen zu stellen:

- In die Vergangenheit, um zu erfahren, warum die Dinge so sind, wie sie sind. Dieses Wissen ist Voraussetzung dafür, etwas zu ändern.
- In die Zukunft, um zu klären, welche Veränderungen auf welche Weise vorgenommen werden sollen.

Ich weiß, daß es viel schwieriger ist, als es klingt, wenn ich Ihnen den Rat gebe: »Stellen Sie sich Fragen.« Erst kürzlich saß ich mit einer älteren Dame beisammen, deren Mann vor einem Jahr gestorben war. Sie sagte: »Ich kann seinen Tod nicht verwinden. Jeden Tag stehe ich an seinem Grab und weine mir die Augen leer. Ich mache mir Vorwürfe.«

Ich fragte sie: »Warum machen Sie sich denn Vorwürfe?« Antwort: »Ich weiß es nicht.«

Ich schlug ihr vor, sich jeden Tag hinzusetzen und auf ein Stück Papier ganz oben die Frage zu schreiben: »Warum mache ich mir Vorwürfe?«

Das nächste Mal zeigte sie mir ihr Stück Papier. Unter der Frage stand der Satz: »Ich mache mir schreckliche Vorwürfe, weil ich in seinen letzten Wochen oft ungeduldig war und ihn manchmal beleidigte.«

Ich fragte die Dame: »Beruhigt Sie diese Antwort?« Sie sagte: »Nein, keinesfalls.« Also riet ich ihr, sich so lange Fragen zu stellen und sie zu beantworten, bis sie mit den Antworten zufrieden sein würde.

Um es kurz zu machen: Irgend etwas hält sie davon ab, sich selbst so lange Fragen zu stellen, bis sie auf den wahren Grund ihrer Beunruhigung stößt. Ich habe keine Ahnung, wie sie das Problem zu lösen gedenkt. Ich bin auch gar nicht sicher, ob sie es überhaupt lösen will.

Die Strategie des Fragens kann uns dabei helfen, Probleme zu erkennen und zu lösen. Selbstverständlich dient sie vielen Leuten auch dazu, vor ihren Problemen wegzulaufen.

Ein klassisches Beispiel dafür ist das »Helfer-Syndrom«: Jemand leiht sich von Ihnen Geld aus. Sie geben es ihm. Dann kommt er ein zweites Mal, und Sie helfen ihm noch einmal. Beim dritten Mal verweigern Sie ihm das Geld. Er fragt Sie: »Wie kannst du mich jetzt im Stich lassen, wo ich das Geld am dringendsten brauche?«

Er fragt sich nicht selbst: »Wie konnte ich in diese finanzielle Schwierigkeit kommen?« oder »Was kann ich tun, um mir selbst zu helfen?« Nein, er versucht vielmehr durch eine als Vorwurf formulierte Frage, die Schuld von sich auf Sie zu projizieren.

Für die eigene Schuld an seinem Problem soll sich der Helfer schuldig fühlen. Um sich davon zu befreien, soll er noch einmal in die Tasche greifen.

Das Fragen ist schließlich ein hervorragendes Instrument im Umgang mit allen Arten von Aggression. Uns selbst und auch anderen Leuten gegenüber. Auch hier gibt es ein klassisches Modell, das ich selbst seit vielen Jahren immer wieder praktiziere. Hier ist es:

Jemand sagt: »Sie sind der größte Heuchler, der mir jemals begegnet ist.«

Ich antworte: »Das ist ein sehr interessanter Aspekt. Können Sie mir bitte mehr darüber sagen?«

Erst kürzlich stoppte mich ein Polizist, als ich nachts nach Hause fuhr und herrschte mich an: »Fahrzeugkontrolle!« Offensichtlich hatte er schlechte Laune und gedachte, sie an mir auszulassen. Ich fühlte mich im ersten Augenblick beleidigt und war versucht, einen Streit mit ihm anzufangen. Dann aber besann ich mich eines anderen. Ich sah ihn freundlich an und sagte mild: »Sagen Sie mir doch bitte, warum Sie mich kontrollieren?«

Er: »Sie sind ein bißchen flott unterwegs heute, was?«

Ich: »Wie haben Sie denn das festgestellt?«

Er: »Dafür habe ich ein Auge.«

Ich: »Glauben Sie, Ihr Gefühl genügt schon, um mir eine Geschwindigkeitsübertretung nachzuweisen?«

So ging das noch eine Minute weiter, bis unsere Aggressionen sich in einem recht friedlichen Gespräch auflösten. Schließlich wollte der Polizist nicht einmal mehr meinen Führerschein sehen. Ich zweifle nicht daran, daß ohne meine Fragen alles weniger friedlich verlaufen wäre.

Fragen als Impuls zur Lösung unserer Probleme, als Motor auf der Suche nach unserem Glück und schließlich als Technik im Umgang mit anderen Menschen. Das sind nur einige Möglichkeiten, die ich im Laufe der Jahre entdeckt und zu meinem Vorteil genützt habe.

Damit ich das nicht vergesse, hängt meinem Schreibtisch gegenüber ein schon ziemlich vergilbter Zettel an der Wand. Darauf steht: »Fragen öffnen das Tor zu anderen Menschen. Behauptungen verschließen es.« Diese Erkenntnis hat mich schon oft davor bewahrt, mich meiner Mitwelt gegenüber wichtiger zu machen, als es mir zukommt.

Glauben Sie mir, es macht Spaß, die Grenzen seiner eigenen Möglichkeiten immer wieder zu erkennen, indem man sich selbst gelegentlich in Frage stellt.

II.
DER WEG, SEINE VORSTELLUNGEN
IN DIE PRAXIS UMZUSETZEN

Wir alle haben Wünsche, Pläne und oft sehr konkrete Vorstellungen von den Dingen, die wir im Leben erreichen wollen. Wie viele davon setzen wir in die Tat um? Ob wir uns Fähigkeiten aneignen oder belastende Gewohnheiten loswerden wollen, es ist immer wieder dasselbe: Zuerst sind wir Feuer und Flamme, liegen nachts wach und hängen unseren Träumen nach. Dann folgen Zweifel, Bequemlichkeit, Ausreden und Resignation.

Die berühmtesten Ausreden kennen wir ja schon: »Ich habe es versucht, aber ich schaffe es nicht.« Oder: »Ich hatte einfach keine Zeit.«

Die drei häufigsten Ursachen, warum wir so viele Vorsätze niemals verwirklichen, sind:

1. Die Ungeduld.
2. Mangelndes Selbstvertrauen.
3. Wir wissen zu wenig über die Möglichkeiten der Selbstbeeinflussung.

Was lernen wir nicht alles in unserer Schulzeit: Die Geburtsdaten großer Leute, die Werke bedeutender Dichter, wie lange Kriege dauerten und welche Bodenschätze es in Alaska gibt. Wer aber bringt einem bei, sich zu konzentrieren, die Phantasie gezielt zu beflügeln oder sein Leben bewußt zu planen?

Ich jedenfalls habe von meinen Lehrern nie etwas davon gehört. Ehrlich gesagt: Ich bin auch froh darüber, daß ich im Laufe der Zeit die Bedeutung dieser Fähigkeiten selbst erkannte. Was aus uns selbst entsteht, ist viel stärker verankert, als alles, was andere uns nach ihren Vorstellungen und mit ihren Methoden beibringen.

Vorausgesetzt, andere Leute sind überhaupt daran interessiert, uns zur Selbständigkeit zu erziehen. Denn je ungeduldiger, unsicherer und unwissender wir sind, um so mehr profitieren sie von uns.

Die Kunst, glücklich zu leben, in die Praxis des täglichen Lebens umzusetzen, ist ein ständiger Vorgang des Lernens und Übens. Wenn wir erst einmal wissen, was uns glücklich macht und welche Fähigkeiten dazu erforderlich sind, müssen wir sie Schritt für Schritt einüben.

Auf den folgenden Seiten finden Sie Hinweise zu vier Techniken, die Ihnen dabei helfen. Es sind einfache Techniken, und es kann durchaus sein, daß Sie deshalb ein wenig enttäuscht sind. Schließlich leben wir in einer Zeit, in der nichts kompliziert genug sein kann, um wirklich ernstgenommen zu werden.

Aber je mehr wir uns auf die Technologie, Wissenschaft und Autoritäten verlassen, um so größer wird unsere Abhängigkeit von anderen. Das persönliche Glück finden wir nur aus eigener Kraft. Es liegt also an uns, diese Kräfte zu entwickeln und zu trainieren.

Wenn es ein Geheimnis dabei gibt, dann ist es das Prinzip des täglichen Übens. Sobald Sie sich dazu entschlossen haben, an jedem Tag 10 oder 15 Minuten Zeit für das Training des glücklichen Lebens aufzuwenden, bauen Sie damit ganz automatisch die drei größten Hindernisse ab:

1. Mit der Regelmäßigkeit und Sicherheit im Befolgen einer Gewohnheit vermindert sich die Ungeduld.

2. Die Disziplin des täglichen Übens stärkt Ihr Selbstbewußtsein.

3. Wenn Sie Ihre Fähigkeiten bewußt trainieren, lernen Sie aus der Praxis immer neue Möglichkeiten der Selbstentfaltung kennen.

So besehen, sollten Sie die folgenden Anregungen nur als Starthilfe benützen. Wenn Sie sich erst einmal daran gewöhnt haben, regelmäßig von ihnen Gebrauch zu machen, wird Ihre Freude wachsen. Sie werden eigene Ideen entwickeln. Neue Gewohnheiten werden ganz von selbst alte verdrängen, die Ihnen hinderlich waren.

1.
Der feste Rahmen,
in dem wir unser tägliches Leben gestalten

Vor Jahren traf ich mich einige Male mit einer jungen Dame, die sich der Leichtathletik verschrieben hatte. Sie war mit einigen meiner Bücher vertraut und bat mich, ihr einige Ratschläge zu geben.

»Ich habe«, klagte sie eines Tages, »in der vergangenen Saison um 20 Prozent härter trainiert, trotzdem konnte ich meine Leistung nicht steigern.« Dann schilderte sie mir ihren Tagesablauf, der sich wie die Tortur in einem Lager für Strafgefangene anhörte:

Aufstehen um halb sechs Uhr früh, laufen, ein Müsli zum Frühstück, dann in die Schule. Danach sofort wieder zum Training. Auf den Sportplatz, in die Kraftkammer, dazwischen medizinische Untersuchungen, keinen Tropfen Alkohol, so ging das bis zum Abend. Drei verschiedene Arten von Trainern bemühten sich um sie, arbeiteten Pläne für sie aus, kontrollierten sie und setzten sie unter Druck.

Ich fragte sie: »Großartig, wie jeder Ihrer Tage geplant ist. Aber wann haben Sie eigentlich Zeit, glücklich zu leben?« Sie hätten den verständnislosen Ausdruck im Gesicht dieses Mädchens sehen sollen. Sie nahm Tag für Tag die Qualen des Trainings auf sich, um in den Olympiakader aufgenommen zu werden, aber sie wendete keine Sekunde dafür auf, über die Beziehung zu ihrem persönlichen Glück nachzudenken. Worin besteht denn der Sinn unseres Lebens an jedem Tag?

Besteht er darin, sich für andere Leute aufzuopfern? Oder sich für den Erfolg der Firma einzusetzen? Oder um irgendwann einmal vielleicht eine Goldmedaille zu erringen und ein paar Augenblicke des Triumphes zu erleben? Ein paar Augenblicke. Denn dann sind schon wieder andere hinter einem her, um selbst zu siegen.

Beantworten Sie doch gleich jetzt einmal ganz ehrlich die Frage: »Was tue ich an jedem Tag für mein ganz persönliches Glück?«

Ist Ihnen bewußt, welche Bedeutung jeder einzelne Tag für Ihr ganzes Leben hat? Der Tag, an dem Sie diese Zeilen lesen, kann Ihr allerletzter sein. Könnten Sie dann sagen: »Ich habe ihn so gelebt, wie ich mir mein ganzes Leben wünsche.« Oder müßten Sie zugeben: »Eigentlich habe ich alles versäumt, wovon ich alle diese Jahre träumte.«

Im Grunde genommen überlassen doch die meisten Menschen es anderen, den Ablauf ihres Tages zu bestimmen: das Ritual der Hausarbeit, die Erfordernisse am Arbeitsplatz, die Schule und alles das, dem sich jeder brave Bürger ohne Murren unterwirft.

Ich habe im Laufe der Zeit etwa 200 Leute gefragt, was sie an jedem Tag ihres Lebens dafür tun, um glücklich zu leben. Die häufigste Antwort war: »Was soll ich denn tun, ich habe ja keine freie Minute.« Dann zählten sie alles auf, was sie zu erledigen hatten.

Wer die Absicht hat, sein persönliches Glück in die eigenen Hände zu nehmen, hat nur dann eine Chance auf Erfolg, wenn er beginnt, sein tägliches Leben Schritt für Schritt danach einzurichten.

Hier ist ein Vorschlag, wie Sie das schaffen können:

**Erstens: Sagen Sie nie wieder »Dafür habe ich keine Zeit«,
sondern gehen Sie in kleinen, machbaren Schritten vor.**

Fangen Sie damit an, daß Sie an jedem Morgen drei einfache
Übungen machen:

1. Ballen Sie zwanzigmal fest die Fäuste, während Sie noch
   im Bett auf dem Rücken liegen.
2. Machen Sie zwanzigmal die Übung »Radfahren« mit den
   Beinen, ehe Sie aufstehen.
3. Stellen Sie sich ans Fenster und machen Sie einige ruhige,
   tiefe Atemzüge. Verfolgen Sie den Atem beim Einatmen
   bis in die Gegend des Nabels und atmen Sie etwa doppelt
   so lange aus, wie Sie eingeatmet haben.

Diese Übung dauert nicht länger als eineinhalb bis zwei
Minuten. Trotzdem ist sie eine wichtige Entscheidung.
Die Entscheidung: Die erste Aktivität des Tages bestimme ich
und niemand anderer. Ganz davon abgesehen, daß diese
Übungen zu Ihrem Wohlbefinden beitragen. Also auch zu
Ihrem Glück und seiner Erhaltung.

**Zweitens: Schreiben Sie an jedem Tag auf, was Sie für sich
an diesem Tag tun wollen.**

Auf ein Blatt Papier oder auf den Kalender zu schreiben, was
wir an diesem Tag tun wollen, zählt hundertmal mehr, als nur
daran zu denken. Es nur zu denken, bringt uns sehr leicht in
die Versuchung, es schnell wieder zu vergessen, wenn es uns
unangenehm geworden ist.
Wenn Sie es aufschreiben, übt das, was schwarz auf weiß in
Ihrem Kalender steht, einen disziplinären Druck auf Sie aus.
Je öfter Sie diese Selbstdisziplin einüben, desto stärker wird
Ihr Selbstvertrauen, und desto weniger sind Sie auf den erzie-

herischen Druck von außen angewiesen. Denn vieles tun wir ja doch nur, weil uns irgend jemand dazu zwingt.

Noch etwas: Haken Sie am Abend auf Ihrer Liste ab, was Sie erledigt haben. Freuen Sie sich darüber. Wenn Sie etwas nicht erfüllt haben, denken Sie eine Minute darüber nach, woran es lag. Hatten Sie wirklich keine Zeit dazu, oder ist das nur eine faule Ausrede?

Drittens: Ziehen Sie sich täglich eine Viertelstunde in sich selbst zurück und hören Sie darauf, was Sie sich zu sagen haben.

Worum es dabei geht, ist vorerst nichts anderes, als sich daran zu gewöhnen, eine Viertelstunde lang aus dem von der Umwelt bestimmten Alltagstrott auszusteigen.

Was immer Sie in dieser Viertelstunde mit sich anfangen, ist vorerst noch gar nicht wichtig. Entscheidend ist, daß Sie beschließen: »Gleichgültig, was andere von mir erwarten oder mir antun, diese 15 Minuten gehören mir und meinem inneren Frieden. Ich schalte ab. Mir ist völlig gleichgültig, was in dieser Zeit um mich herum passiert. Ich werfe Ärger, Angst und Zweifel von mir ab und ziehe mich in die Sicherheit meiner inneren Welt zurück.«

Fällen Sie diese Entscheidung ganz bewußt und unbeirrt. Schließen Sie die Augen, atmen Sie ruhig und lassen Sie alle Gedanken über die »Außenwelt« an sich vorbeiziehen. Bis Sie spüren, daß Sie ruhig werden und sich immer mehr mit sich anfreunden.

Später, wenn dieses Aussteigen zur Gewohnheit geworden ist, können Sie die Zeit dazu benützen, um tiefer zu meditieren, autogenes oder mentales Training zu praktizieren. Wozu immer Sie sich dann entscheiden, liegt bei Ihnen.

Was Sie zuerst lernen sollten, ist nichts anderes, als den Respekt vor sich selbst zu vertiefen und sich den Wunsch zu erfüllen, aus eigener Kraft etwas für das eigene Wohlgefühl zu tun.

Vermutlich ist Ihnen das gar nicht richtig bewußt geworden: Die drei hier vorgeschlagenen Schritte betreffen die drei Bereiche Ihres Lebens: Körper, Geist und Persönlichkeit. Sie dauern nicht länger als 20 Minuten.

2.
Wie man lernt, sich etwas so lange einzureden, bis es ganz von selbst geschieht

Lassen Sie uns hier noch einmal auf die alles entscheidende Frage zurückkommen: Was muß ich tun, um meine Vorsätze in die Tat umzusetzen? Wie befreie ich mich von Belastungen der Vergangenheit, ungeliebten Gewohnheiten, und wie eigne ich mir die Fähigkeiten an, die ich besitzen möchte?
Ich kenne kaum jemanden, der das nicht möchte:
- Selbstbewußter sein.
- Sich nicht mehr übertölpeln oder erniedrigen lassen.
- Weniger essen oder trinken.
- Sich das Rauchen abgewöhnen.
- Sich konzentrieren können.
- Sich zur Wehr setzen können, wenn er angegriffen wird.
- Frei heraussagen, was er sagen möchte.
- Nein sagen, wenn er nein sagen möchte.
- Sich selbst vertrauen können, statt an sich zu zweifeln.
- Vor nichts und niemandem Angst haben.
- Sich nicht um die Meinung anderer Leute kümmern.
Und so weiter.
Alles das können wir genauso lernen wie Auto fahren, Schreibmaschine schreiben, Buchhaltung, Englisch oder das Einstellen eines Videorecorders. Oder den automatischen Griff zur Limonade, dem Waschmittel X, zur vertrauten Zigarettenmarke oder dem Parfum, das Frauen unwiderstehlich macht.

Jeder kann es lernen, aber die wenigsten Leute tun es. Und warum nicht? Weil niemand da ist, der es ihnen beibringt und sie unter Druck setzt. Wir sind gewohnt, vorwiegend das zu lernen, was gebraucht wird, was uns im Beruf weiterbringt oder von dem man uns einredet, daß man es können muß.

Weil in Wahrheit niemand daran interessiert ist, daß wir glücklich sind, lehrt es uns auch keiner. Natürlich hören wir ab und zu das Versprechen: »Mein größter Wunsch wäre es, dich glücklich zu machen.« Aber schon dieser Satz birgt eine Hinterhältigkeit in sich. Der andere will Ihr Unglück dazu benützen, um für sich selbst einen Vorteil herauszuholen, indem er Sie glücklich macht. Oder es Ihnen zumindest verspricht.

Die meisten Leute fallen auf dieses Versprechen herein, weil sie sich selbst nicht imstande fühlen, für ihr eigenes Glück zu sorgen.

Wie lernt man also, so zu sein, wie man sein möchte, ohne sich von anderen Leuten und deren Versprechungen abhängig zu machen? Ganz einfach: Indem Sie sich das, was Sie lernen wollen, so lange einreden, bis es ganz von selbst geschieht.

Weil die Lösung des Problems so unglaublich einfach klingt, möchte ich sie noch einmal wiederholen: Um so zu werden, wie Sie sein möchten, brauchen Sie es sich nur lange und glaubhaft genug einzureden, bis alles Gewünschte ganz von selbst geschieht.

Alles, was wir denken, spüren und tun, wird von irgendwoher gesteuert:

- Wir sehen eine Gefahr auf uns zukommen, und etwas in uns befiehlt: »Hebe deine Hände schützend vor dein Gesicht.« Oder: »Hau dem anderen eine auf die Nase, er hat dich zutiefst in deiner Ehre gekränkt.« Oder vielleicht: »Halte lieber den Mund, sonst hast du nichts als Schwierigkeiten.«

- Es kann allerdings auch sein, daß wir denken: »Ich will jetzt einschlafen, weil ich morgen früh aus den Federn muß.« Aber wir können nicht einschlafen, weil uns tausend störende Gedanken durch den Kopf geistern. Oder ein Mann ist ganz verrückt danach, mit einer Frau zu schlafen. Als sich aber endlich eine Gelegenheit bietet, wird sein Penis nicht steif. Oder ein Mädchen möchte einen Mann ansprechen, wird aber über das ganze Gesicht feuerrot und bringt kein Wort hervor.

Das Problem besteht darin, daß wir aus irgendwelchen Gründen nicht imstande sind, das zu tun, was wir tun möchten oder tun sollten. Ein Wunsch ist vorhanden, aber der Befehl, entsprechend zu handeln, kommt einfach nicht ans Ziel. Sie kennen das ja aus hundertfacher eigener Erfahrung.

Ganz offensichtlich wird unser tägliches Handeln von zwei Kommandozentralen aus bestimmt:

1. Von bewußten Vorstellungen und Reaktionen. Zum Beispiel: »Ich lenke mein Auto jetzt an den Straßenrand, um es dort zu parken.« Dieses Tun geschieht.

2. Von unbewußten Reaktionen und eingelernten Handlungsnormen. Zum Beispiel treten wir, ohne zu denken, auf die Bremse, weil unerwartet ein Kind auf die Straße springt. Oder wir fühlen uns automatisch schuldbewußt, wenn der Chef fragt: »Was haben Sie heute eigentlich schon getan?«

Wenn jemand sich automatisch schuldbewußt fühlt, ein Mädchen vor Verlegenheit rot wird oder jemand nach einer ganz bestimmten Zigarettenmarke greift, dann wurde dieses automatisierte Handeln irgendwann in seine unbewußte Kommandozentrale einprogrammiert.

Zu diesem Programm gehören:

- Die Angst vor Schmerzen, Krankheit und Tod.

- Der Respekt vor Erwachsenen, Gerichten, Polizisten, Ärzten und Vorgesetzten.
- Es wird uns immer wieder gesagt, daß wir sauber, ehrlich, fleißig und freundlich sein sollen. So lange, bis wir uns ganz automatisch darum bemühen. Ohne jemals darüber nachzudenken, ob es denn auch wirklich für uns von Vorteil ist, uns so zu verhalten.

Es wird uns Schuldbewußtsein einprogrammiert, wenn wir uns nicht so verhalten, wie wir sollten.

Auf diese Weise dient das gesamte System unserer Erziehung zu braven Bürgern, gehorsamen Arbeitern und blindwütigen Konsumenten nicht nur dazu, uns ein von anderen gewünschtes Verhalten einzuüben. Mitgeliefert wird auch der Mechanismus zur Selbstbestrafung.

Fahren Sie doch einmal um zwei Uhr früh mit Ihrem Wagen bei Rotlicht über eine Kreuzung, weil Ihnen Ihre Vernunft sagt: »Kein Auto weit und breit, es kann überhaupt nichts passieren.« Tun Sie es, und Sie werden nachher ein Schuldgefühl verspüren und fürchten: »Hoffentlich hat mich niemand dabei gesehen.«

Oder Sie sitzen an Ihrem Arbeitsplatz und haben für ein paar Stunden nichts zu tun. Legen Sie die Beine auf den Tisch und pennen ein Viertelstündchen? Ich könnte wetten, daß Sie es nicht tun, sondern geschäftig irgendeine Arbeit vortäuschen. Besonders dann, wenn Ihr Chef in der Nähe ist. Nichtstun am Arbeitsplatz erzeugt automatisch Schuldgefühle.

Wenn wir die eingelernten Verhaltensmechanismen durch eigene Vorstellungen ersetzen wollen, müssen wir unser Denken und Handeln nach diesen eigenen Vorstellungen umprogrammieren.

Oder, um es anders zu sagen: Wir suggerieren eigene Vorstellungen so lange, bis sie die alten, unerwünschten Verhaltensbefehle verdrängen.

Wir tun, um es noch einmal zu betonen, damit nichts anderes als unsere Erzieher: Sie reden uns lange und glaubhaft ein, was wir tun sollen, bis wir es ohne nachzudenken automatisch vollziehen.

Wie einfach die Methode der eigenen Umerziehung funktionieren kann, erlebte ich bei der Geburt unseres zweiten Sohnes. Meine Frau hatte Angst davor. Beim erstenmal hatte sie im Kreißsaal stundenlang andere Frauen vor Schmerzen schreien gehört. Manche verfluchten ihre Männer. Eine schimpfte: »Der Schweinehund hat den Spaß gehabt, und ich muß jetzt diese Qualen über mich ergehen lassen.«

Meine Frau hatte gelernt, daß Geburt mit Schmerz verbunden sein muß. Also war sie auf Angst programmiert.

Wir erfuhren damals zufällig von einem Arzt, der autogenes Training lehrt. Meine Frau besuchte zehn Lektionen und brachte dann das Kind völlig frei von Angst und Schmerzen zur Welt.

Und wissen Sie, wie das möglich war?

Dieser Arzt tat nichts anderes als meiner Frau beizubringen, wie sie die vorprogrammierte Erwartung »Geburt bedeutet Schmerz, vor dem ich Angst haben muß« durch die Vorstellung ersetzen konnte: »Der Schmerz ist völlig gleichgültig. Alles passiert schmerzfrei ganz von selbst.« So war es dann auch.

Keine Tabletten, keine Betäubung, einfach nur einen Monat lang täglich zwanzig- bis dreißigmal entspannen, die Augen schließen und sich sagen: »Der Schmerz ist völlig gleichgültig. Alles passiert bei der Geburt schmerzfrei ganz von selbst.«

Erinnern Sie sich noch an die Geschichte des Weltmeisters im Ballonfahren? Als man ihn mit schweren Verbrennungen in die Intensivstation einlieferte, stellte er sich immer nur vor:

»Der Schmerz ist mein Freund. Ich bin eins mit ihm. Er tut mir nichts.«

Oder an den Rat, den Emile Coué seinen Patienten mitgab. Statt: »Ich bin krank, was wird jetzt bloß aus mir werden?« sollten Sie sich immer wieder einreden: »Mir geht es in jeder Hinsicht von Stunde zu Stunde besser.«

Ist das etwas anderes, als wenn Sie Abend für Abend im Fernsehen die Formel hören: »Kaufen Sie X, es wäscht weißer« oder »Katzen würden Y kaufen«?

Was hält Sie also davon ab, von unseren Erziehern, Verhaltens-Programmierern und geheimen Verführern zu lernen, wie sie uns beeinflussen, und selbst davon Gebrauch zu machen:

- Statt auf Schuldgefühl, auf Glücklichsein.
- Statt auf Hilflosigkeit, auf Selbstbewußtsein.
- Statt auf Angst, auf Furchtlosigkeit?

Obwohl in den vorangegangenen Kapiteln immer wieder von diesen Möglichkeiten die Rede war, wollte ich Sie hier noch einmal eindringlich dazu ermuntern.

Sie wissen ja: Je öfter man jemanden mit einer gezielten Botschaft konfrontiert, um so mehr neigt er dazu, sie zu verwirklichen.

3.
Die unbezahlbare Fähigkeit,
sich jederzeit richtig entspannen zu können

Lassen Sie mich am Anfang dieses Kapitels an die Schlußfolgerung des vorangegangenen erinnern. Sie lautet: Es gibt einen einfachen, für jeden gangbaren Weg, sein Leben zum Besseren zu verändern. Dieser Weg besteht darin, das für Sie Richtige so lange geduldig einzuüben, bis es ganz von selbst das Falsche ersetzt.

Sie haben Angst, weil in einer ganz bestimmten Situation aus Ihrem unbewußten Lenkungszentrum die automatische Botschaft kommt: »Du mußt jetzt Angst haben.« Vielleicht haben Sie in der gleichen Sache schon einmal versagt und fürchten jetzt, daß es wieder passieren könnte. Oder jemand hat Ihnen Angst gemacht, indem er sagte: »Was Schlimmeres hätte dir gar nicht passieren können.«

Die meisten Ängste werden uns anerzogen. Sie dienen – wie wir wissen – unseren Erziehern dazu, uns zu manipulieren:

- Ärzte leben gut davon, daß wir Schmerzen und das Sterben fürchten.

- Der Apparat des Staates produziert Jahr für Jahr neue Verbote und droht mit Bestrafung, vor der wir uns fürchten sollen.

- Wenn Politiker unsere Stimme wollen, malen Sie uns den Teufel an die Wand und erwecken den Anschein, als könnten nur sie allein uns vor ihm retten.

Das Wesen der Angst besteht darin, daß sie uns daran hindert, etwas zu tun, was wir tun sollten. Sie läßt uns zögern oder sogar erstarren. Wir aber können Angst nur durch Handeln überwinden. Entscheidend ist dabei, daß wir eine Technik besitzen, die uns im richtigen Augenblick aus der Erstarrung herausreißt und zum Handeln antreibt.

Eine dieser Techniken besteht darin, sich jederzeit aus eigener Kraft entspannen zu können. Sie ist unbezahlbar, obwohl sie nichts kostet. Sie erfordert keine Tabletten, keinen Krankenschein und keinen Besuch beim Arzt.

Wenn Sie imstande sind, sich in jeder kritischen Situation zu entspannen, erübrigt es sich auch bald von selbst, hilfesuchend nach einer Beruhigungszigarette zu greifen. Oder nach dem Glas mit Alkohol.

Die Grundlage des Entspannens ist das richtige Atmen.

Haben Sie schon einmal beobachtet, wie Sie atmen, wenn Sie Angst haben? Wahrscheinlich halten Sie sogar den Atem an. Gewiß haben Sie selbst schon einmal gesagt: »Ich hielt vor Schreck den Atem an.« Oder: »Ich war starr vor Angst.«

Den Atem erschreckt anzuhalten und vor Angst zu erstarren, bedeutet, daß Sie im Zustand höchster Anspannung unfähig sind, richtig zu denken, zu entscheiden und zu handeln. Je schneller Sie in solchen Augenblicken imstande sind, diese Spannung zu lösen, um so besser können Sie wieder normal reagieren und handeln.

Das Rezept, diese Entspannung herbeizuführen, lautet: Atmen Sie bewußt und gezielt *aus*.

Ausatmen bedeutet entspannen. Sie selbst haben von dieser hervorragenden Technik sicherlich schon instinktiv Gebrauch gemacht. Wenn Sie beispielsweise beim Autofahren knapp einer Gefahr entronnen sind, sagen Sie: »Mein lieber Freund, das war aber knapp.« Bevor Sie das sagen, atmen Sie befreit aus.

Lassen Sie es mich noch einmal zusammenfassen:

- Wenn wir Angst haben, atmen wir hektisch ein, halten den Atem an und erstarren in höchster Anspannung.
- Wenn eine Gefahr vorbei ist, atmen wir kräftig und befreit aus und entspannen uns dabei.

Beides haben Sie schon ungezählte Male an sich selbst erlebt. Vermutlich unbewußt und ohne zu ahnen, daß Sie damit das beste, wirkungsvollste und natürlichste Mittel besitzen, sich jederzeit und überall zu entspannen.

Machen Sie von jetzt an bewußt und gezielt davon Gebrauch. Üben Sie es bei jeder Gelegenheit und setzen Sie es ein, wenn es erforderlich ist:

- Wenn Sie sich ärgern, krallen Sie sich nicht an Ihrem Unmut fest, sondern atmen Sie dreimal kräftig aus und stellen Sie sich dabei vor, wie sich mit jedem Atemzug ein Teil des Ärgers von Ihnen löst.
- Bevor Sie ein Zimmer betreten, in dem jemand wartet, vor dem Sie sich fürchten: Atmen Sie dreimal kräftig aus, ehe Sie zur Klinke greifen.

Das ist alles, was ich Ihnen über das Geheimnis des richtigen Entspannens sagen kann. Sie können jetzt natürlich noch einige gescheite Bücher zu diesem Thema lesen, wissenschaftliche Abhandlungen studieren, Seminare und Atemtherapeuten besuchen, um mehr darüber zu erfahren. Eines bleibt Ihnen allerdings nicht erspart: Sie können das richtige Atmen nur immer wieder an sich selbst erproben. Lernen Sie durch die tägliche Praxis, bis es zu einem automatisch funktionierenden Instrument Ihrer Selbstbeeinflussung geworden ist. Hier, zusammengefaßt, drei praktische Übungen der Entspannung:

1. Ausatmen als Schocklösung

Die einfachste Art, das Atmen als Technik der Entspannung einzusetzen, ist das rasche kräftige Ausatmen, wenn Sie »vor Schreck erstarren«. Eine wichtige Voraussetzung: Sie müssen diese gezielte Reaktion einlernen, bis sie bei Bedarf ganz von selbst erfolgt.

In Schock- und Angstsituationen ist unsere Denkfähigkeit gehemmt. Nichts fällt uns ein. Unsere Gedanken sind wirr und chaotisch. Deshalb muß der Befehl: »Atme jetzt sofort ganz fest aus« automatisch aus der unbewußten Kommandozentrale kommen.

Verankern Sie ihn dort, indem Sie ihn in Gedanken immer wieder einüben. Stellen Sie sich fünf-, zehnmal vor, wie Sie sich in einer Spannungssituation verhalten werden: sofort und kräftig *ausatmen*.

2. Atmen als vorbeugende Entspannungsübung

Sie sollten sich nicht damit zufrieden geben, Schocks, Angst oder Ärger mit ein paar gezielten Atemzügen zu überbrücken. Gehen Sie einen Schritt weiter: Üben Sie Ihre Entspannung vorbeugend ein.

Statt den Tag mit jener Hektik zu beginnen, aus der sich dann viele Menschen bis zum Abend nicht mehr lösen, können Sie sich durch eine Übung am Morgen auf »Entspannung« programmieren.

Diese Übung besteht aus drei Stufen:

Erste Stufe: Setzen oder legen Sie sich hin, schließen Sie die Augen und stellen Sie sich vor, wie sich Ihr Körper Teil für Teil entspannt. Zuerst die Beine, dann der Bauch, die Arme, der Oberkörper, der Kopf.

Zweite Stufe: Wenn Ihr Körper entspannt ist, beruhigen Sie Ihre Atmung. Atmen Sie ruhig ein. Verfolgen Sie in Gedanken den Atem, wie er sich in Ihrem Körper bis zum Nabel senkt. Dann atmen Sie langsam und ruhig aus.

Machen Sie das fünf-, sechs- oder zehnmal.

Dritte Stufe: Nach Körper und Atmung entspannen Sie schließlich Ihren Geist. Stellen Sie sich vor, wie alle Sorgen und Ängste beim Ausatmen als kleine Wölkchen davonfliegen und Sie immer freier und ruhiger werden.

Wahrscheinlich ändert sich durch diese kleine tägliche Übung nicht schon morgen oder übermorgen die ganze Welt für Sie. Aber eines steht außer Zweifel: Wenn Sie den Tag mit dieser vorbeugenden Entspannungsübung beginnen, haben Sie eine größere Chance, einen glücklichen Tag zu erleben, als wenn Sie sich schon zu Hause von der Hektik der Umwelt infizieren lassen.

Selbstverständlich können Sie diese Übung zum Bestandteil Ihres Morgenprogramms machen, von dem weiter vorne die Rede war.

3. Atmen als Grundlage der Selbstbeeinflussung

Ob Sie Jäger oder Sänger sind, autogenes Training betreiben oder Meditation, überall ist die Frage des Entspannens durch richtige Atmung wichtig. Ein Schütze schießt während des Ausatmens, ein Karatekämpfer führt seinen Schlag im Ausatmen und versucht den Gegner zu treffen, während er einatmet. Und so weiter.

Der gezielte Weg in Ihr Unterbewußtsein führt über den Zustand der Entspannung. Erst dann erreichen die Vorsätze, die Sie sich zwanzig- oder dreißigmal im Geiste vorsagen, wirklich ihr Ziel.

Die Fähigkeit, sich immer und überall entspannen zu können, ist eine Voraussetzung für jeden, der sich die Kunst, glücklich zu leben, aneignen will.

Wer hindert Sie daran, gleich jetzt die Augen zu schließen, den Körper Stück für Stück zu entspannen und zehn ruhige, tiefe Atemzüge zu machen?

Versuchen Sie es. Denn nur darüber zu lesen, verändert in Ihrem Leben noch nichts zum Besseren.

4.
Wie man sich durch Aufschreiben
von Problemen befreien kann

Nachdem ich vor Jahren einmal in einer Fernsehsendung davon erzählt hatte, welche befreiende Wirkung das Schreiben auf mich ausübt, berichtete mir eine ältere Dame folgendes:

»Ich kann mit Fug und Recht behaupten, daß mich das Schreiben vor dem Selbstmord bewahrt hat. Nach dem Tod meines geliebten Mannes fühlte ich mich so verlassen und verzweifelt, daß ich nicht mehr leben wollte. Fast ständig spielte ich mit dem Gedanken, Schluß zu machen.

Eines Tages wurde mir dann bewußt, daß es eine einfache Möglichkeit gab, mit meinem Mann wenigstens in meiner Phantasie in Verbindung zu treten – indem ich ihm jeden Tag einen Brief schreibe.«

Seither setzt sie sich an jedem Abend eine Stunde lang auf die Couch im Wohnzimmer, wo die beiden gemeinsam viele schöne Stunden erlebt haben, und schreibt ihm einen ausführlichen Brief. Sie berichtet, was sie getan hat, offenbart ihm ihre Gedanken und Wünsche. Manchmal fragt sie ihn auch um Rat.

»Ich weiß«, schrieb die Frau, »daß mich manche Leute für verrückt halten würden, wenn sie davon wüßten. Anfangs war ich mir auch selbst nicht ganz sicher, ob meine Idee nicht ein wenig abwegig ist. Heute weiß ich längst, daß mich der tägliche Brief an meinen Mann von meiner Verzweiflung befreit hat.«

Es gibt verschiedene Möglichkeiten, Sorgen, Probleme, Ärger, Ängste oder die Einsamkeit zu bewältigen:
Wir ziehen uns für kurze Zeit zurück, um einen Dialog mit uns zu führen, und beschreiten den Weg in uns, von dem in diesem Buch schon oft die Rede war.

- Wir ersticken beginnende Zweifel schon im Keim, indem wir sie kräftig »ausatmen« und durch eine positive Gedanken-Botschaft ersetzen.
- Wir lassen unseren Gefühlen spontan freien Lauf und befreien uns davon, indem wir weinen, schreien, schimpfen oder streiten.
- Wir sprechen uns mit jemandem gründlich aus.
- Wir schreiben uns das Problem von der Seele.

Zu den verhängnisvollsten Folgen der Erziehung gehört die Angst davor, unseren Gefühlen freien Lauf zu lassen. Wir werden ein Leben lang zu einem verlogenen Rollenspiel gezwungen. Es lautet: »Sei immer nett und freundlich, auch wenn dir nach Heulen zumute ist. Männer müssen stark sein, Mädchen üben Zurückhaltung. Kinder dürfen nicht vorlaut sein. Wer befördert werden will, darf nicht anecken.«
Dieses Rollenspiel zielt immer nur in eine Richtung: Selbstverleugnung und Verdrängung. Wenn wir dem berühmten Psychoanalytiker Bruno Bettelheim glauben können, dann ist diese Verdrängung eine wichtige Ursache jener Aggression, die heute unsere ganze Gesellschaft beherrscht.
»Nicht durch Verdrängen können wir die Aggression beherrschen«, erklärte der Professor, »sondern dadurch, daß wir sie in unserer Phantasie bewältigen.« Unserer Phantasie freien Lauf zu lassen, indem wir uns durch Aufschreiben von verdrängten Aggressionen befreien. Ist das nicht einen Versuch wert?
Ich habe in den vergangenen Jahrzehnten, seit ich Bücher wie

dieses schreibe, vermutlich mehr als 15 000 Briefe von Lesern oder Fernsehzuschauern erhalten. Ein Drittel davon hatte eines gemeinsam: Sie begannen mit der eindringlichen Bitte um Hilfe oder Rat. Dann folgten lange und meist sehr detaillierte Beschreibungen eines persönlichen Problems, um mit der Anmerkung zu enden: »Jetzt, wo ich mir alles von der Seele geschrieben habe, fühle ich mich viel besser. Danke, daß Sie meine Zeilen gelesen haben.«

Ich kann diese Menschen sehr gut verstehen. Schließlich praktiziere ich diese hervorragende Technik der Selbstbefreiung seit meinem neunten Lebensjahr. Damals fing ich an, mich von meinem unbändigen Heimweh freizuschreiben, nachdem man mich in ein Internat gesteckt hatte. Später waren es die ersten Schwierigkeiten mit Mädchen und die scheinbar unüberwindlichen Hindernisse in der Schule.

Um es Ihnen ganz offen einzugestehen: Im Grunde genommen ist das Schreiben dieses Buches auch nichts anderes als der Versuch, mich von Gedanken, Beobachtungen oder verdrängtem Ärger »freizuschreiben«. Etwa den Ärger über die anonyme Macht, die Staat, Bürokratie oder Autoritäten aller Art auf uns ausüben.

Es mag schon sein, daß wir wenig Chancen haben, uns diesen Mächten gegenüber durchzusetzen. Aber das Leben besteht nicht allein aus der Realität, in die wir hineingeboren wurden. Es besteht auch aus der Phantasie, in der uns niemand unterdrücken kann.

Erst kürzlich schrieb ich den Satz in mein persönliches »Lebensbuch«: »In deiner Phantasie bist du vollkommen frei und unbesiegbar.« Vielleicht klingt das in Ihren Ohren ein wenig pathetisch. Wie auch immer, ich habe ihn aufgeschrieben, damit ich ihn von Zeit zu Zeit lesen und darüber nachdenken kann.

Ich habe ihn aufgeschrieben.

Was wir einmal aufgeschrieben haben, hat einen ungleich tieferen Einfluß auf uns als nur ein flüchtiger Gedanke, den wir oft schnell wieder vergessen, wenn er unbequem zu werden beginnt.

Es ist ein gewaltiger Unterschied, ob Sie nur denken: »Ich gewöhne mir das Rauchen ab«, oder ob Sie sich ein Plakat in Ihr Schlafzimmer hängen, auf dem steht: »Heute verzichte ich auf meine Lieblingszigarette.«

Es mag sein, daß die Beichte in der Kirche oder die Aussprache beim Psychotherapeuten wirkungsvolle Techniken der Selbstbefreiung sind. Aber wenn wir davon ausgehen, daß die Kunst, glücklich zu leben, darin besteht, für sein Glück selbst verantwortlich zu sein, sollten wir uns möglichst wenig von anderen Leuten abhängig machen.

Gar nicht davon zu reden, daß ein Heft oder ein Schreibblock zu jeder Stunde für uns da ist, wenn wir ihn als Partner brauchen, um ihm etwas anzuvertrauen.

Wie immer Sie auch darüber denken, Sie sollten sich eine endgültige Meinung erst bilden, wenn Sie es einen Monat lang ausprobiert haben.

III.
VIER KÜNSTE, DIE UNSEREM LEBEN EINEN TIEFEREN SINN GEBEN

Wenn Sie dem Inhalt dieses Buches bis hierher in der Absicht folgten, persönlichen Nutzen daraus zu ziehen, haben Sie vielleicht drei Schlußfolgerungen gezogen:

1. Wer sein Leben so führen will, daß es ihm möglichst viel Freude bereitet, muß vorerst einmal wissen, wer er wirklich ist und was ihn glücklich macht.

2. Aus diesem Wissen entwickelt sich der Plan für das zukünftige Leben. Ein Plan, der aus konkreten Vorstellungen besteht, die alle wichtigen Lebensbereiche betreffen.

3. Vorstellungen und Wunschträume sind die Grundlage unseres glücklichen Lebens. Sie nützen allerdings wenig, wenn wir nicht Techniken und die Disziplin des Einübens kennen und davon täglich Gebrauch machen.

Es kann durchaus sein, daß es Ihnen genügt, Ihr Leben nach diesen Grundlagen auszurichten und Jahr für Jahr eine höhere Stufe des glücklichen Lebens erlangen. Aber ist das schon alles? Gibt es unserem Leben einen tieferen Sinn?

Erst kürzlich hatte ich eine interessante Begegnung mit einer Gruppe junger Bäuerinnen. Sie hatten mich eingeladen, um in einem Gasthaus einen Vortrag über glückliches Leben zu halten. Nachdem ich meine Weisheiten zum besten gegeben hatte, wurde über das Thema diskutiert.

Zwei Fragen standen im Mittelpunkt der Auseinandersetzung:

- Ob wir denn überhaupt ein Recht darauf hätten, das Leben zu genießen und jeden Tag glücklich zu sein, während überall auf der Welt Millionen Menschen an Hunger leiden.
- Ob nicht der Sinn des Lebens einer Bauersfrau darin bestünde, ihre Arbeit zu machen, dem Mann zur Seite zu stehen und die Kinder zu rechtschaffenen Menschen zu erziehen.

Natürlich kann jedermann Arbeit, Treue, Familie, Ehe und Fleiß zum Sinn seines Lebens erklären. Aber ist das wirklich das, wozu wir als Individuen, als einmalige und mit Phantasie, Gefühl, Intuition und der Kraft des selbständigen Denkens ausgestattete Wesen in diese Welt gesetzt wurden, um uns auf irgendeine Weise zu erfüllen?

»Er war ein vorbildlicher Kollege und ein guter Mensch«, sagte vor einiger Zeit der Chef eines meiner Freunde an seinem Grab. Aber war das wirklich das Besondere an ihm gewesen? Er diente sich als Beamter die Karriereleiter hoch, ehe er an einem Herzinfarkt starb. Dabei hatte er mir oft davon erzählt, was er nach seiner Pensionierung noch alles tun wollte.

Was mich betrifft, so sehe ich mein eigenes Leben in zwei Ebenen:

- In der Ebene der glücklichen täglichen Lebensbewältigung, für die ich, wie ein Handwerker, das erforderliche Rüstzeug besitzen und beherrschen muß.
- In einer Ebene mit ganz besonderen Höhepunkten, die meinem Leben einen tieferen Sinn geben. Ich möchte in einigen Fähigkeiten, an denen mir besonders liegt, mehr als nur durchschnittlich sein. Ich habe sie zu meinen ganz persönlichen Künsten erhoben.

Manchmal denke ich, daß es diese vier »Künste« sind, die mich erst zu dem Menschen machen, der ich sein will. Hier sind sie:

1. Die Kunst, ein freier Mensch zu sein.
2. Die Kunst, zu siegen, ohne zu kämpfen.
3. Die Kunst, richtig zu hören, zu sehen und zu fühlen.
4. Die Kunst, sich richtig mitzuteilen.

Zugegeben, es sind sehr persönliche und wohl auch ziemlich eigenwillige Künste, die ich beherrschen möchte. Wenn ich musikalischer wäre, hätte ich mir wahrscheinlich »Die Kunst des Geigespielens« in den Kopf gesetzt.

Ich glaube nicht, daß es so wichtig ist, welche Eigenschaften wir meisterhaft beherrschen möchten. Entscheidend ist vielmehr, wie stark wir uns damit selbst erfüllen können. Das empfehle ich Ihnen zu bedenken, wenn Sie die folgenden Seiten lesen.

1.
Die Kunst, ein freier Mensch zu sein

Die Freiheit gehört zu den Begriffen, die nur wenige Menschen sich selbst zuordnen. Da ist die Rede von den Völkern in Osteuropa, die jetzt ihre Freiheit erlangt hätten. Oder daß irgendwo in Südamerika politische Gefangene aus Gefängnissen befreit werden müßten. Aber wie frei sind eigentlich Sie und ich?

Sagen Sie Ihrem Partner, den Kindern, den Kollegen und Chefs frei heraus, was Sie wirklich denken? Welchen Zwängen unterliegen Sie tatsächlich in Ihren täglichen Entscheidungen? Sind Sie frei, zu arbeiten, zu genießen, zu lieben und zu verzichten, wann immer es Ihnen Spaß macht?

Ich kenne das Argument, das Sie jetzt bringen werden: »Wo kämen wir denn hin, wenn alle Menschen das täten, was ihnen gerade Spaß macht?« Mit solchen und ähnlichen Phrasen verteidigen wir unentwegt unsere eigene Unfreiheit, obwohl wir uns einbilden, wir wären freier als andere Leute anderswo. Was wir verteidigen, ist ein nebuloser Freiheitsbegriff, zu dem wir selbst nicht die geringste Beziehung haben. Ich wette mit Ihnen nahezu jeden Betrag, daß sowohl in meinem wie in Ihrem Bekanntenkreis neunzig von hundert Leuten keine konkrete Vorstellung ihrer persönlichen Freiheit besitzen. Oder ihrer persönlichen Unfreiheit.

Ich wurde kurz nach Kriegsende während einer Ferienreise wegen Vagabundierens von der französischen Polizei ein paar Tage lang in ein Gefängnis gesperrt. Anfangs dachte ich, ich könnte die Enge, den Gestank und die Aggressivität der Typen dort einfach nicht ertragen. Dann freundete ich mich mit einem Landstreicher an, der die ganze Zeit still in einer Ecke hockte und vor sich hinlächelte.

Dieser Mann namens Egon gab mir die Weisheit mit auf den Weg: »Ob du hier sitzt oder draußen auf einer Parkbank, ist im Grunde genommen scheißegal. Entweder du bist frei oder du bist es nicht. Wenn du frei bist, mein Junge, bist du es überall.«

»Wenn du frei bist, dann bist du es überall.« Dieser eine Satz definiert für mich die Kunst, ein freier Mensch zu sein. Ich möchte so frei sein, daß ich mich auch in jedem Gefängnis frei fühlen würde. Und falls ich es noch rechtzeitig schaffe, möchte ich im Sterben so fröhlich lächeln wie der gute alte Egon im Gefängnis irgendwo zwischen Straßburg und Paris im Jahre 1949.

Vermutlich gibt es zwei Arten von Freiheit in unserem Leben:

- Die Freiheit, die wir uns einreden, um uns darüber hinwegzutäuschen, wie abhängig wir in Wahrheit von tausend Dingen und Menschen sind.
- Die Kunst, ein freier Mensch zu sein.

- Vermutlich denken Sie jetzt: »Aber ich kann doch frei entscheiden, ob ich mir das Auto X oder die Zeitung Y kaufe. Ich kann meinen Job kündigen, wenn es mir paßt, oder mich scheiden lassen. Ich kann mich auch bei der nächsten Wahl frei für jede Partei entscheiden.«

Natürlich können Sie das. Aber ich bezweifle, daß Sie es tatsächlich tun, wenn es darauf ankommt. Im entscheidenden Augenblick werden Sie dann doch wieder ein lahmes Argument aus der Phrasenkiste holen und murmeln: »Wo kämen wir denn da hin, wenn alle...« Oder: »Was würden denn da die Leute sagen.« Vielleicht auch: »Das könnte ich vor meiner Familie gar nicht verantworten.«

Überlegen Sie doch einmal wirklich ernsthaft, wie frei Sie tatsächlich mit Ihrer feinen Wohnung, Ihrer Lebensversicherung, dem Auto und dem Ruf sind, den Sie vor Ihrer Umwelt zu verteidigen haben.

Wie frei sind Sie *wirklich*?

Es gibt einen Maßstab, nach dem Sie den Grad Ihrer persönlichen Freiheit feststellen können: die Bereitschaft zu verzichten. Alles, worauf Sie nicht sofort zu verzichten bereit wären, macht Sie davon abhängig.

Ich glaube nicht, daß es so etwas wie eine allgemeine Freiheit gibt. Jeder kann seine Freiheit nur selbst für sich definieren. Vermutlich ergibt sie sich ganz von selbst aus dem Sinn, den jemand seinem Leben zu geben vermag.

Freiheit kann auch nichts Absolutes sein, sondern immer nur die Entscheidung zwischen zwei Möglichkeiten. Zum Beispiel die Entscheidung:

- Lasse ich mein Leben von anderen Leuten und den Maßstäben bestimmen, die sie für mich aufstellen?
- Oder entscheide ich selbst, was für mich richtig ist?

Die Entscheidung, über sein Leben und vielleicht auch seinen Tod selbst zu bestimmen, ist die Voraussetzung für jede Art persönlicher Freiheit. Ob Sie tatsächlich frei sind, hängt letzten Endes davon ab, ob Sie auch frei genug sind, das zu tun, wofür Sie sich frei entschieden haben.

Ich selbst habe für mich in den vergangenen Jahren meine eigene Idee der Freiheit entwickelt. Sie besteht aus den drei Faktoren Vision, Realität und Strategie:

Die Vision:

Ich lebe mein Leben nach meinen eigenen Vorstellungen von Glück. Gleichgültig, ob es anderen gefällt oder nicht. Ich bin bereit, auf alles zu verzichten, was meinem Glück und damit meiner persönlichen Freiheit im Weg steht.

Die Realität:

Ich sehe ein, daß die Realität manchmal stärker ist als ich und mich zu Dingen zwingt, die mich unglücklich machen. Deshalb ändere ich alles zu meinem Besten, was ich zu ändern vermag. Wenn es mir nicht möglich ist, finde ich mich möglichst schnell damit ab.

Die Strategie:

Ich übe an jedem Tag, meine Vision des freien Lebens mit den unabänderlichen Gegebenheiten der Realität in Einklang zu bringen. Praktisch bedeutet das: Wenn ich nichts an der Realität ändern kann, befreie ich mich in meiner Phantasie von dem Zwang, darüber unglücklich zu sein. Mit anderen Worten: Ich stelle mir den Schmerz als Freund oder das Gefängnis als das weite Meer vor.

Was für die Liebe, den Glauben, die Entspannung oder die Gesundheit gilt, trifft genauso auf unsere persönliche Freiheit zu: Wenn wir wissen, was wir wollen, können wir es durch regelmäßiges Einüben verwirklichen.

Erst heute früh, als ich als Teil meines Morgenprogramms 100 Liegestütze machte, hatte ich dazu wieder einmal Gelegenheit. Ich war nicht besonders in Form, also dachte ich schon bei Liegestütz Nummer 60: »Verdammt noch mal, noch 40 Stück vor mir, dabei fallen dir jetzt schon die Arme ab. Das schaffst du nie.« Also suggerierte ich mir sofort: »Du schaffst es, du schaffst es, weil du es schaffen kannst.«

Freiheit ist, wenn wir das tun, was wir für uns als richtig erkannt haben. Wenn ich mich also dafür entschieden habe, an jedem Tag 100 Liegestütze für meine Gesundheit zu machen, kann ich mich nicht von meinen Zweifeln abhängig machen. Das heißt: Meine persönliche Freiheit beginnt damit, daß ich lerne, mich von den eigenen Zweifeln freizumachen, die dem im Wege stehen, was ich tun will.

Zugegeben, dieses Beispiel berührt nur eine kleine Facette der Bemühungen um Freiheit. Aber ich habe die Erfahrung gemacht: Wenn Sie die kleinen Dinge des Lebens Schritt für Schritt verändern, ändern sich oft die großen Dinge eines Tages ganz von selbst.

Warum sollte das bei dem Bemühen um unsere persönliche Freiheit anders sein?

2.
Die Kunst zu siegen,
ohne zu kämpfen

Ich weiß, daß es schwierig ist, jemandem, der zum Kämpfen erzogen wurde, auch nur eine vage Vorstellung zu vermitteln, man könne siegen, ohne zu kämpfen. Drehen Sie doch heute abend Ihr Fernsehgerät auf, und Sie erleben es. Ehe Sie schlafen gehen, haben Sie ein halbes Dutzend Kämpfe erlebt. Ich bin ein leidenschaftlicher Kinobesucher. Als ich mir kürzlich einen Film ansah, jubelten die Leute im Zuschauerraum auf, als der Held mit einer einzigen Panzerfaust mindestens fünf Feinde in Stücke fetzte. Irgendwie scheint in uns allen eine Lust am Töten verankert zu sein. Auch wenn wir dem Vorgang nur als Voyeure beiwohnen.

Der Kampf war vermutlich die einzige Möglichkeit, sich in früheren Zeiten am Leben zu erhalten. Der siegreiche Kampf. Oder die Unterwerfung. Seither hat sich in der Praxis unseres Zusammenlebens einiges geändert, und man fragt sich: Was kann ich tun, um glücklich zu leben, ohne einen Gegner zu vernichten oder mich ihm hilflos auszuliefern?

Meine persönliche Antwort lautet: Ich versuche zu lernen, ohne Kampf zu siegen.

Es beginnt damit, daß ich meine Einstellung zum Kämpfen und Siegen nach eigenen Vorstellungen ändere. Ich verstehe den Kampf als das, was ich schon in einem früheren Kapitel zu beschreiben versuchte: als das tägliche manipulative Spiel. Ich versuche, es möglichst oft zu gewinnen, weil das einen

Teil meiner Anerkennung und meines Glücksgefühls darstellt. Aber ich bin nicht unglücklich, wenn ich gelegentlich
ein Spiel verliere.

Der Maßstab meines Sieges ist also nicht die Niederlage eines
Gegners, sondern das Maß an Glücksgefühl, das ich selbst
dabei habe. So besehen, ist für mich eine Niederlage nichts
Erschreckendes. Ganz im Gegenteil. Ich denke mir: »Was
muß ich noch lernen, um beim nächsten Mal besser zu sein?«
Früher, als ich den Kampf um meinen Stolz, Geld, Karriere
oder meinen Begriff von Männlichkeit noch mit Fanatismus
betrieb, störte mich manchmal etwas, das mir im Laufe der
Zeit immer unerträglicher wurde: Ich erniedrigte bedenken-
los jemand anderen, um mich damit selbst zu erhöhen.

Stört Sie das nicht auch? Trotzdem gehört es zur selbstver-
ständlichen Umgangsform unserer Gesellschaft. Wir erleben
es täglich:

- Eltern erniedrigen ihre Kinder, indem sie sich kraft ihrer
  Autorität oder auch mit roher Gewalt durchsetzen.
- Ehemänner erniedrigen ihre Frauen mit der stillen oder
  offenen Drohung: »Ohne mich bist du nicht lebensfähig.
  Du hast ja nichts gelernt, mit dem du dir dein eigenes Geld
  verdienen könntest.«
- Die Firma droht dem Mitarbeiter mit Entlassung.

Wer sich mit dieser oder einer der unerschöpflichen anderen
Varianten des Alltagskampfes erpressen läßt, fühlt sich als
Verlierer. Der Sieger erringt seinen Triumph durch die Er-
niedrigung eines Schwächeren.

Und das Argument des Verlierers? Sie kennen es. Es lautet:
»Was hätte ich denn tun sollen? Ich hatte doch keine andere
Chance.«

Hier sind drei Fähigkeiten, die jeden scheinbar noch so
schwachen Menschen stark genug machen, daß ihn so gut wie
niemand zum Verlierer machen kann:

1. Sie bestimmen selbst, was Sie glücklich und damit zum Sieger macht.
2. Sie werden ein Meister des manipulativen Spiels, in dem nicht Autorität, Gewalt oder Schuldgefühle als Maßstäbe gelten, sondern die Kraft Ihrer Persönlichkeit.
3. Sie machen sich frei von Abhängigkeiten und lernen es, zu verzichten. Denn wer bereit ist, zu verzichten, kann von niemandem erpreßt – und auch nicht besiegt werden.

Lassen Sie mich an dieser Stelle zwei Dinge klären, um von vornherein Mißverständnissen vorzubeugen:

- Die Idee des Siegens, ohne zu kämpfen, habe natürlich nicht ich erfunden. Sie wird in vielfältiger Weise mit mehr oder weniger Erfolg verwirklicht, seit es denkende Menschen gibt, für die der Krieg nicht die einzige Art des Siegens darstellt.
- Zu siegen, ohne zu kämpfen, ist keine passive Kunst. Ganz im Gegenteil. Wer, ohne zu kämpfen, siegen will, muß stärker, besser und aktiver sein als der andere, der ihn durch Kampf besiegen will.

Zuallererst ist es notwendig, zu erkennen, daß die innere Kraft letzten Endes stärker ist als die äußere, mit der wir andere besiegen wollen, ohne sie zu überzeugen.

Vermutlich gibt es unter den Lesern des Buches nicht sehr viele, die sich der Mühe dieser Erkenntnis unterziehen wollen. Das liegt vermutlich daran, daß die Kunst, glücklich zu leben, keine Massenbewegung sein kann, sondern nur das Privileg weniger, die sich für den Rest ihres Lebens konsequent darum bemühen.

Lassen Sie mich Ihnen zur Ermutigung hier zwei Übungen anführen, die ich mit mehr oder weniger Erfolg täglich zu praktizieren versuche:

1. Ich verteidige mich nicht.

Wenn ich selbst weiß, was ich will und wie gut oder schlecht ich beim Lösen einer Aufgabe bin, brauche ich mich nicht zu verteidigen, wenn ich einen Fehler gemacht habe.

Ich sage mir: »Statt mich zu verteidigen, weiche ich aus.« Das Modell, das ich dafür in meiner Phantasie aufgebaut habe, sieht so aus: Ich stelle mir vor, wie jemand mit der Faust in mein Gesicht zu schlagen versucht. Er ist wütend. Ich bin ganz ruhig. Er will mich besiegen, aber ich will ihn nicht besiegen.

Das ist meine innere Einstellung, wenn ich mich nicht zur Wehr setze, sondern den Kopf wie ein reaktionsschneller Boxer zur Seite neige, so daß mich sein Schlag nicht trifft. Sooft er es auch versucht, ich weiche aus, und sein Schlag geht ins Leere. Bis der Angreifer einsieht, daß es sinnlos ist, mich besiegen zu wollen.

Ich kann mich nicht erinnern, daß in den vergangenen zwanzig Jahren jemand versucht hätte, mich ins Gesicht zu schlagen. Aber ich erlebe gelegentlich, daß mich jemand lächerlich machen möchte, weil er meine Meinung nicht teilt.

Erst kürzlich sagte jemand vor einem größeren Auditorium sehr laut und ziemlich aggressiv: »Herr Kirschner, so einen Unsinn, wie das, was Sie da behaupten, habe ich schon lange nicht mehr gehört.« Es wurde plötzlich sehr still im Saal, eine knisternde Spannung lag in der Luft. Ich gebe ehrlich zu, daß ich die Situation richtig genoß.

Ich ließ mir mit der Antwort Zeit und lächelte ein wenig. Dann sagte ich nachdenklich und halblaut: »Ja, ja. Vielleicht haben Sie recht.« Mehr nicht.

Es war interessant zu verfolgen, wie die anderen Zuhörer reagierten. Einige setzten sich vehement für mich ein. Andere konterten. Schließlich geriet im Treiben der Diskussion ganz in Vergessenheit, wie alles angefangen hatte.

Eigentlich, so fand ich, ist es gar nicht so schwierig, einen Angriff an mir vorbei ins Leere zu lenken, ohne mich zu verteidigen.

2. Ich kritisiere nicht.

Zugegeben, ich gehöre von Natur aus zu jenem Typ des Besserwissers, der am liebsten andere Meinungen erst gar nicht aufkommen läßt. Diese Gewohnheit machte mich nie glücklich. Deshalb beschloß ich, mich davon zu befreien, indem ich aufhörte, andere Leute zu kritisieren.

Was mir hilft, ist die Überzeugung, daß jemand, der einen anderen kritisiert, damit nichts anderes will, als sich auf Kosten des anderen als Besserwisser zu produzieren.

Ich lerne nämlich immer besser, auf Dinge zu verzichten, die im Grunde genommen für mich gar nicht wichtig sind. Ist es wichtig für mich, jemandem gegenüber recht zu behalten? Ich glaube vielmehr, daß es in keiner sachlichen Streitfrage wichtig ist, *wer* recht hat, sondern *was* recht ist. Wenn ich also gelernt habe zu verzichten, darf es mir auch nicht schwerfallen, darauf zu verzichten, unter allen Umständen recht zu haben.

Finden Sie nicht auch?

Wie Sie sehen, ist die Kunst zu siegen, ohne zu kämpfen, gar nicht so schwierig zu erlernen, wenn man erst einmal anfängt, sich ernsthaft damit zu beschäftigen.

3.
Die Kunst, richtig zu sehen,
zu hören und zu fühlen

Im vergangenen Herbst passierte an einem regnerischen Sonntagnachmittag folgendes: Ein älterer Motorradfahrer war mit seiner Frau auf dem Heimweg von einem Ausflug, als er Schmerzen in der Herzgegend spürte. Er hielt sein Fahrzeug am Rand der Autobahn an und brach zusammen. Die Frau bettete seinen Kopf in ihren Schoß und schrie und winkte aus Leibeskräften den vorbeifahrenden Autofahrern zu. Aber keiner blieb stehen. Eine halbe Stunde später war ihr Mann an einem Herzanfall gestorben.

Als ich eine Woche später mit dieser Frau sprach, spürte ich den unbändigen Zorn, den sie noch immer auf ihre Mitmenschen hatte. Sie fuhren zu Hunderten nur wenige Meter an ihr vorbei, manche lachten ihr zu oder winkten, als hätten sie einen Riesenspaß daran, wie sie da weinend mit ihrem sterbenden Mann im nassen Gras hockte.

»Haben denn die Menschen heute überhaupt kein Mitgefühl mehr?« schrie sie mich an. Als ob ich etwas daran hätte ändern können. Ich kann mich *selbst* ändern, wenn ich mich erst einmal davon überzeugt habe, daß ich mein Leben erleben und nicht daran vorbeigehen will.

Mein Leben zu erleben heißt, die Instrumente zu schärfen, die mir das Erleben vermitteln: das Sehen, das Hören und das Fühlen. Die meisten Leute, so scheint es mir, haben das alles allmählich verlernt:

- Sie sehen sich selbst nicht so, wie sie wirklich sind, sondern so, wie sie sich sehen möchten.
- Sie schauen weg, um nicht zu sehen, wovor sie Angst haben. Als ob sie auf diese Weise ihre Angst besiegen könnten.
- Sie erlauben sich keine tiefen Gefühle, weil sie nicht enttäuscht werden wollen.
- Sie sagen: »Wenn davon die Rede ist, höre ich einfach weg«, um zu vermeiden, Stellung beziehen zu müssen.

Wer nichts sieht, nichts hört und auch keine Gefühle zeigt, versucht nichts anderes, als sich an der Realität des Lebens vorbeizuschwindeln, statt sie zu bewältigen, zu erleben und sich daran zu erfreuen. Wie wäre es auch möglich, etwas zu genießen, an dem wir möglichst rasch vorübergehen?

Wer Angst davor hat, sich selbst so zu sehen, wie er wirklich ist, sieht vermutlich die Welt ganz anders, als sie tatsächlich ist:

- Die Helden, die ihm als Ersatz für seine eigene Ängstlichkeit dienen, sieht er furchtlos. Natürlich ist er bitter enttäuscht, wenn er eines Tages feststellt, daß auch die größten Helden gelegentlich die Hosen voll haben.
- Jemanden, den er liebt, sieht er durch eine rosarote Brille und verschließt vor seinen Schwächen die Augen.
- Von Krankheit will er nichts hören, solange er selbst gesund ist. Deshalb sieht er die Krankheit und den Tod anderer Leute so distanziert, als ginge ihn das alles nichts an.

Wenn wir in unserem Dasein etwas zum Besseren verändern wollen, müssen wir lernen, das Leben so zu sehen, wie es wirklich ist. Nicht, wie wir fürchten oder hoffen, daß es ist. Auch nicht, wie andere es uns in den schönsten Farben ausmalen.

Fünf Voraussetzungen sind erforderlich, um etwas wenigstens annähernd so sehen zu können, wie es ist:

Erstens: Wir sehen es uns selbst an, statt es uns nur von anderen darstellen zu lassen, wie sie es sehen.

Zweitens: Wir sehen es uns nicht nur im Vorübereilen an, sondern bleiben stehen, um uns eine Zeitlang dieser einen Sache zu widmen.

Drittens: Wir sehen es uns von allen Seiten an, nicht nur von einer einzigen Seite.

Viertens: Wir sehen es uns heute an und morgen noch ein zweitesmal, um vielleicht noch etwas zu entdecken, das uns entgangen ist.

Fünftens: Wir sehen es uns so lange an, bis wir es nicht nur sehen, sondern auch hören und erfühlen.

Vielleicht denken Sie jetzt voller Ungeduld: »Das ist mir doch alles viel zu umständlich. Wo soll ich denn die Zeit dafür hernehmen?« Das allerdings sagen alle Leute, die es besonders eilig haben, am Leben und dem, was es uns bieten könnte, vorbeizulaufen.

Es mag Ihnen ein wenig aufdringlich erscheinen, wenn ich hier so oft Ausdrücke gebrauche wie »das Leben erleben« oder »am Leben vorbeigehen«. Aber sehen Sie sich doch ein wenig um, und Sie werden erstaunt sein, auf welch vielfältige Weise Sie darauf stoßen:

- Jemand redet mit Ihnen, aber er schaut Sie dabei gar nicht an. Seine Augen beschäftigen sich mit etwas ganz anderem, als seine Worte es tun.

- Sie versuchen, jemandem etwas zu erklären, aber aus den Fragen, die der andere Ihnen stellt, erkennen Sie, daß er Ihnen gar nicht wirklich zuhört, sondern sich selbst in Szene setzen will.

- Sie lassen jemanden spüren, daß Sie ihn mögen, aber der

andere reagiert darauf nicht. Er hat offenbar Angst davor, sich auf eine Gefühlsbindung einzulassen. Lieber kein Gefühl zulassen, denkt er sich, als eine Verpflichtung zu übernehmen.

Wegschauen, nicht hinhören und kein Gefühl aufkommen lassen, sind das nicht typische Merkmale unserer Zeit, die uns wie keine andere mit Eindrücken überhäuft? Wenn wir uns davon beeindrucken lassen, kommen wir nie wieder zur Ruhe. Aus Furcht, wir könnten irgend etwas Wichtiges versäumen, werden wir garantiert das Wichtigste von allem versäumen: die Faszination des Lebens in jedem Augenblick. Vermutlich gibt es nur eine einzige praktische Lösung für die oberflächliche Hektik unserer Zeit: Wir entscheiden uns, immer nur eine Sache ganz zu erleben, statt hundert Dinge nur am Rande.

Was uns am richtigen Sehen hindert, ist neben der Angst, etwas zu versäumen, der Zwang, ständig etwas tun zu müssen. Immerzu wollen wir die Dinge so zurechtrücken, wie wir uns einbilden, daß sie sein sollten.

In diesem Zusammenhang erinnere ich mich an ein bezeichnendes Erlebnis. Ich schnitt im Vorgarten des Reihenhauses, das wir in der Stadt besitzen, das Gras, als die Nachbarin zu mir herüberkam. Wir plauderten über Gott und die Welt, dann sagte sie: »Gut, daß Sie den Rasen mähen, er sah schon sehr ungepflegt aus.«

Ich zeigte auf den noch nicht geschnittenen Teil des Rasens und gab zu bedenken: »Finden Sie nicht, daß es so viel lebendiger aussieht? Mit den vielen verschiedenen Farben und Halmen? Die abgeschnittene, gleichgemachte Fläche hier herüben wirkt irgendwie tot.«

Sie konnte mit meinem Einwand nicht das geringste anfangen. Ohne auch nur richtig hinzusehen, beharrte sie darauf:

»Na ja, aber er sieht so unordentlich aus. Es ist ja doch nur Unkraut.«

Die bunten Gräser, die weißen, blauen und gelben Punkte darin, die ganz von selbst so herrlich wuchsen, waren bloß Unkraut. Blumen, die ihr Auge erfreuten, mußten beim Gärtner gekauft und fein säuberlich in Reih und Glied eingepflanzt sein. Ordinäres Gras konnte noch so bunt sprießen, da schaute die Frau gar nicht erst hin.

Verstehen Sie, was ich meine? Was nicht der Norm entspricht, von der wir gelernt haben, daß sie richtig ist, würdigen wir keines Blickes.

Nicht auszudenken, wie viele verhängnisvolle Irrtümer vermieden werden könnten, wenn wir im Leben öfter prüfender hinschauten, zuhörten oder mehr auf unseren Instinkt achteten. Denn heute trifft das schnelle Vorurteil nur das Unkraut im Vorgarten, morgen sind es Menschen.

Als vierte Voraussetzung, um eine Sache so sehen zu können, wie sie wirklich ist, erwähnte ich weiter oben: wir sollten uns eine Sache heute ansehen und morgen noch einmal. Erinnern Sie sich? Das kann etwas sein, das Ihnen jemand schnell verkaufen möchte. Oder auch der Verkäufer selber, der es Ihnen anbietet. Es könnte natürlich auch der Politiker sein, dem Sie bei den vergangenen Wahlen Ihre Stimme gegeben haben.

Sieht er hinterher noch genauso vertrauenerweckend aus wie vorher, als er Ihnen das versprach, was er inzwischen wieder vergessen hat? Nicht, daß man ihm einen Vorwurf machen sollte. Er lebt schließlich davon, daß wir ihn uns nicht richtig ansehen und ihm nicht kritisch genug zuhören.

Aber solange wir, die einzelnen Bürger, das nicht tun, hat er auch keine Veranlassung, sich zu ändern.

Wie Sie sehen, ist die Kunst, zu sehen, zu hören und zu

fühlen, nicht irgendeine spitzfindige Marotte für Sonderlinge, sondern die recht handfeste Fähigkeit, manchen Ereignissen des Alltags mehr Sinn zu geben.

Vielleicht ist darunter genau das, was Ihrem oder meinem Leben überhaupt erst einen Sinn gibt.

4.
Die Kunst, sich richtig mitzuteilen

Haben Sie gewußt, daß etwa 90 Prozent unserer Mitteilungen an die Umwelt ohne die Benützung der Sprache erfolgen? Zumindest behaupten das die Fachleute, und ich kann es mir gut vorstellen. Erstaunlich, wenn man bedenkt, welche bevorzugte Bedeutung wir dem gesprochenen Wort zuordnen. Dicke Wörterbücher, Lexika und Anleitungen verordnen, wie Worte zu schreiben, Sätze zu bilden und welche grammatikalischen Regeln anzuwenden sind. Was aber sagt man uns über die anderen 90 Prozent der Möglichkeiten, sich auszudrücken?

Man bringt uns bei, sie zu unterdrücken.

So gesehen ist es kein Wunder, wenn wir immer mehr verlernen, alle Fähigkeiten auszunützen, uns auf ganz natürliche Weise zu artikulieren. Oder solche Botschaften zu beachten. Anders gesagt: Wenn uns jemand mit seinen Augen, seinen Händen, seiner Haut mitteilt, daß er uns liebt, glauben wir es nicht. Er muß es uns *sagen*.

Es ist noch gar nicht so lange her, da bekräftigten einander Kaufleute ein Geschäft noch mit einem einfachen Handschlag. Heute bedarf es seitenlanger Verträge. Es scheint, als sei mit der Unfähigkeit, »wortlos« miteinander zu kommunizieren, irgendwie auch das Vertrauen der Menschen zueinander verloren gegangen.

Noch ärger: Ich zweifle nicht daran, daß mindestens genauso viele Worte dazu verwendet werden, uns zu täuschen, wie uns zu nützen. Das sollten wir bedenken, ehe wir dem Irrtum verfallen, die Kunst, sich mitzuteilen, bestünde nur darin, sich geschliffen auszudrücken. Sie besteht vielmehr aus folgendem:

Erstens: Wenn wir jemandem etwas mitteilen wollen, teilen wir es ihm auch mit, statt es zu unterdrücken.

Zweitens: Wir teilen es jenen Leuten mit, die es wirklich angeht, statt Konfrontationen ängstlich aus dem Weg zu gehen.

Drittens: Wir wählen für unsere Botschaft die dafür am besten geeigneten Mittel und Wege, um die stärkste Wirkung zu erzielen.

Diese drei Fähigkeiten mögen im ersten Augenblick ein wenig simpel erscheinen. Aber überlegen Sie doch einmal, was Sie in Ihrem Leben damit verändern könnten:

- Sie wären imstande, jederzeit jedermann – gleichgültig wer und was er ist – mit der größten Selbstverständlichkeit das zu sagen, was Ihnen am Herzen liegt. Oder, was Ihnen an ihm nicht paßt.

- Sie würden sich nie wieder hinter dem Rücken der Leute, die es angeht, bei anderen beschweren oder ausweinen. Sondern so, als wäre es die selbstverständlichste Sache der Welt, zu ihnen sagen: »Wir beide haben ein Problem. Setzen wir uns hin und klären wir es.«

- Sie könnten sich darin sicher sein, ob es besser ist, mit jemandem sofort zu reden oder ihm lieber einen Brief zu schreiben, um vorher Distanz zur Sache zu gewinnen. Oder, ob es besser ist, mit ihm zu reden oder ihn zu veranlassen, selbst zu reden.

»Sich mitzuteilen« – lassen Sie uns doch einmal ein paar Formen aufzählen, was das alles bedeuten kann. Es kann reden genauso bedeuten wie schweigen und zuhören. Eine

Behauptung aufzustellen ebenso, wie gezielt Fragen zu stellen, um auf diese Weise ein Gespräch zu lenken.

Sich mitzuteilen kann bedeuten, daß wir uns mit einem tiefen Seufzer von einer Sorge befreien oder mit einem Aufschrei von der Spannung während eines Fußballspiels im Fernsehen.

Die Art, wie Sie jemandem die Hand drücken, ihn anschauen oder wegschauen, kann viel mehr aussagen, als viele verlogene Höflichkeitsfloskeln, hinter denen Sie Ihre wahren Gefühle zu verbergen versuchen.

Damit wir uns richtig verstehen: Sich mitzuteilen heißt keinesfalls, die Wahrheit zu sagen. Natürlich ist das Lügen eine genauso praktikable Form, wenn es unseren Absichten dient. Wir sollten davon Gebrauch machen, und zwar ohne jeden Skrupel. Manchmal einfach und direkt, manchmal auch gewitzt und vieldeutig. Genauso, wie Werbeleute und Politiker, Rechtsanwälte, Ärzte oder Journalisten es uns vormachen.

Die Kunst zu beherrschen, sich mitzuteilen, bedeutet nicht, besonders edel, ehrlich oder fair zu sein, sondern alle uns zur Verfügung stehenden Ausdrucksformen auszuschöpfen, um zwei Ziele zu erreichen:

1. Möglichst oft glücklich zu sein.
2. Zu verhindern, daß irgend jemand oder irgend etwas uns unglücklich macht.

Soweit ich das erkennen kann, gibt es vier Hindernisse, die den erwähnten Fähigkeiten im Wege stehen. Sie alle sind Bestandteile unserer Erziehung zu gehorsamen, gutgläubigen und ewig hilfsbedürftigen Bürgern. Sie lauten:

1. Hindernis: Wir haben Angst vor dem ersten Schritt. Irgendwo steckt in uns allen die berüchtigte Beamtenmentalität verborgen: »Wer stillhält, kann auch keine Fehler machen.«

2. Hindernis: Die Furcht vor möglichen unliebsamen Folgen ist größer als die Vorfreude auf einen Erfolg.

3. Hindernis: Der Respekt vor Name, Titel oder Autorität, den man uns beizeiten eingeflößt hat, ist so groß, daß wir es nicht wagen, uns damit auf eine Stufe zu stellen.

4. Hindernis: Es fehlen uns Kenntnis und Sicherheit im Umgang mit den Techniken der Manipulation.

Natürlich gibt es kein Patentrezept, alle diese Hindernisse ein für allemal aus dem Weg zu räumen. Aber wenn der eine oder andere Hinweis auf den vorangegangenen Seiten bei Ihnen zu praktischen Veränderungen geführt hat, sind Sie auf dem richtigen Weg.

Schon die Entscheidung »Zuerst komme ich, dann erst die anderen« oder »Ich glaube an mich selbst mehr, als an irgend jemand anderen« baut ein völlig neues Selbstbewußtsein auf. Aus dieser inneren Stärke heraus fällt es uns leichter, respektloser und unbekümmerter mit unserer Umwelt umzugehen.

Von zahlreichen anderen Voraussetzungen für mehr Selbstbekenntnis und weniger Selbstverleugnung war in diesem Buch bisher schon die Rede. Trotzdem möchte ich Sie hier noch auf eine Technik hinweisen, die ich für eine Art Geheimwaffe im manipulativen Spiel des Lebens halte: wie man die richtigen Fragen stellt.

Weil ich zu den Leuten gehöre, die sich nur allzugerne mit ihrem Wissen wichtig machen, suchte ich lange Zeit nach einem überzeugenden Argument, mich selbst in die Schranken zu verweisen. Schließlich fand ich es. Es lautet: »Behauptungen verschließen dir das Tor zu anderen Menschen. Fragen öffnen es.«

Seit ich mich vorbehaltlos dazu bekenne, habe ich erstaunliche Erfahrungen gemacht. Hier sind einige:

● **Es gibt kaum ein besseres Kontakt-Rezept als eine Frage.**

Sie können einem wildfremden Menschen, mit dem Sie in Kontakt kommen wollen, eine einfache Frage stellen, und er wird reagieren.

Als ich noch beim Fernsehen arbeitete, lernte ich eine ganze Reihe bekannter Stars kennen. Ich kann mich an keinen einzigen erinnern, der nicht stehengeblieben wäre, wenn ein Fan ihn fragte: »Bitte, kann ich ein Autogramm haben?« Es ist eine richtige Frage für einen gezielten Zweck. Eine manipulative Frage, mit der ein kleiner Junge oder eine ältere Dame einen berühmten Star dazu zwingt, für ein paar Sekunden das zu tun, was er von ihm verlangt.

Eine Frage öffnet das Tor zum anderen, mit dem wir in Kontakt kommen wollen. Prüfen Sie diese Behauptung auf ihren Gehalt.

Machen Sie sich keine Sorgen darüber, daß Ihnen im entscheidenden Augenblick keine blitzgescheite Frage einfallen könnte. Je einfacher, desto besser. Sie können sich sogar einige vielseitig verwendbare Fragen ausdenken und sie einlernen. Wie: »Dürfte ich Sie um Ihren Rat bitten? Ich habe gemerkt, Sie verstehen etwas davon.« Oder: »Darf ich Ihnen ein Kompliment machen?« Oder vielleicht: »Halten Sie das nicht für ein bißchen übertrieben?« Oder Sie sagen einfach, um mit jemandem ins Gespräch zu kommen: »Macht's Ihnen Spaß?« Oder: »Sagen Sie mir, wie machen Sie das bloß?«

● **Eine Frage hilft Ihnen, Zeit zu gewinnen, wenn jemand Sie überrumpeln will.**

Im manipulativen Spiel des täglichen Lebens sind viele Menschen darauf bedacht, Sie zu Entscheidungen zu veranlassen, bevor Sie noch richtig darüber nachgedacht haben. Man möchte, daß Sie ein schnelles Ja sagen, oder vielleicht eine Unterschrift unter ein Schriftstück setzen, ohne es durchzulesen.

In solch einer Situation sollten Sie den anderen signalisieren: »Moment einmal, du Schlaumeier, mit mir kannst du das nicht machen.« Stellen Sie ihm in jedem Fall einmal eine Frage, mit der Sie Zeit gewinnen. Sagen Sie: »Können Sie mir das alles noch einmal erklären?« Oder: »Wie wollen Sie wissen, daß *das* wirklich für mich so wichtig ist, wie Sie mir weismachen möchten?«

Genieren Sie sich nicht, auch die scheinbar dümmste Frage zu stellen. Wichtig ist, daß Sie Zeit gewinnen, um über die ganze Angelegenheit kritisch nachzudenken. Noch besser ist es, wenn es Ihnen gelingt, den anderen, der Sie manipulieren will, mit einer unerwarteten Frage aus seinem Konzept zu bringen.

● **Fragen sind ein hervorragendes Instrument, die Lenkung eines Gespräches selbst zu übernehmen, statt sie anderen zu überlassen.**

Die Kunst, sich mitzuteilen, ist keine Sache, die sich nur in einer Richtung vollzieht. Sie teilen etwas mit und erwarten, daß jemand anderer es aufnimmt. Und zwar so, wie Sie es haben wollen.

Wenn Sie also jemandem gegenüber eine Behauptung aufstellen und sich dabei so gebärden, als wüßten Sie alles und der andere nichts, schließen Sie ihn aus der gemeinsamen Kommunikation aus. Entweder er gehorcht, gleichgültig, ob er den Sinn der Sache versteht oder nicht, oder er fühlt sich bevormundet und beleidigt. In diesem Fall lehnt er sich innerlich dagegen auf.

Mit der richtigen, gezielten Frage beziehen Sie den anderen in Ihre Absichten ein. Sie respektieren ihn, indem Sie ihm Wissen zutrauen. Jeder fühlt sich instinktiv geehrt, wenn man ihn fragt: »Was halten Sie von dieser Idee, Sie verstehen ja etwas davon?« Oder: »Wie würden denn Sie als Experte dieses Problem lösen?«

Auch wenn Sie genau wissen, wie die richtige Lösung auszusehen hat, so verschafft Ihnen eine respektvolle Frage den Zugang zu anderen. Eine wichtige Voraussetzung dafür, ihm zu erklären, wie Sie selbst darüber denken.

Wie Sie sehen, kann die Frage ein wirkungsvoller erster Schritt dafür sein, jemandem das mitzuteilen, was Sie ihm mitteilen wollen.

Ich selbst habe mir im Laufe der Jahre vier Arten von Fragen zurechtgelegt, die ich je nach Bedarf immer wieder mit erstaunlichem Erfolg im Umgang mit meiner Mitwelt einsetze. Hier sind sie:

1. Die Informations-Frage

Sie möchten etwas wissen und fragen auf direkte Weise danach. »Wo geht es hier zum Dom?« oder: »Was tun Sie hier?«

2. Die provokante Frage

Nachdem mir längst klar geworden ist, daß Kritik an anderen Menschen meistens das Gegenteil von dem bewirkt, was einer Sache dient, stelle ich lieber eine provokante Frage. Etwa: »Können Sie mir erklären, warum Sie das getan haben?« Oder: »Sind Sie sicher, daß es nicht eine bessere Lösung gibt als diese, die Sie vorschlagen?«

3. Die Schmeichel-Frage

Was immer Sie von jemandem wollen, und sei es nur, daß er Sie zur Kenntnis nimmt: Eine Schmeichelei schafft fast immer eine Atmosphäre der Bereitschaft.

Wenn Sie die Fähigkeit eines Menschen für sich in Anspruch nehmen, schaffen Sie einen besseren Einstieg, wenn Sie sagen: »Ich finde es großartig, wie Sie das machen. Wie schaffen Sie das bloß immer wieder?«, als wenn Sie sagen: »Ich möchte, daß Sie etwas für mich tun.«

4. Die Gegenfrage

Sie bringt Ihnen vor allem – wie wir schon gesehen haben – die erforderliche Zeit, um sich nicht überrumpeln zu lassen.

Fragen hin, Antworten her, was für das Reden ganz allgemein gilt, sollten Sie auch hier nicht vergessen: Die Kunst des Kommunizierens ist keineswegs auf Worte beschränkt. Ein Blick, eine Geste, ein Zögern oder das Lächeln auf Ihren Lippen sagen manchmal viel mehr als die geschickteste Frage. Sich dieser unbegrenzten Möglichkeiten des Ausdrucks bewußt zu sein und davon täglich Gebrauch zu machen, darum ging es in diesem Kapitel. Ich glaube, daß wir dadurch unserem Leben mehr Möglichkeiten verleihen, glücklich zu sein.

Denken Sie nur an die sexuelle Beziehung mit dem Partner. Ist es nicht unbeschreiblich genußvoller, ihn mit Blicken, Fragen und Berührungen geneigt zu machen, als ihm einfach nur zu sagen: »Komm, ich will mit dir ins Bett.«

IV.
DREI HINWEISE FÜR DEN WEG,
DEN JEDER NUR AUF SEINE WEISE
GEHEN KANN

Wenn Sie diese Zeilen lesen, ist das Wichtigste über die Kunst, glücklich zu leben, schon gesagt. Zumindest das, was ich Ihnen aus meinen Erfahrungen dazu sagen konnte. Ich hoffe, es hat genügt, um Sie ein wenig für das zu begeistern, was viele Menschen am meisten vernachlässigen: den eigenen, ganz persönlichen Lebensweg.

Zu unseren verhängnisvollsten Fehlern gehört es vermutlich, das eigene Leben nicht konsequent genug von den Einflüssen der Gesellschaft abzugrenzen. Wer sein persönliches Glück von seinen Mitmenschen abhängig macht, hat keine Chance, es jemals zu erleben.

Wir wissen ja warum. Weil die Gesellschaft nicht am dauerhaften Glück des einzelnen interessiert sein kann. Wenn alle Menschen glücklich wären, bräche die Ordnung dieser Welt zusammen. Wir bräuchten keine Kirchen mehr, die uns vom Leid erlösen; bräuchten keine Gerichte, keine Psychiater. Eheberater und Schönheitschirurgen müßten sich andere Berufe suchen. Und so weiter, und so weiter.

Die Gesellschaft braucht die Angst des einzelnen, um ihn lenken zu können. Wer sich von diesen Ängsten nicht lösen kann, um nach eigenen Maßstäben des persönlichen Glücks zu leben, bleibt bis an das Ende seiner Tage davon abhängig, was andere ihm diktieren.

Dieses Buch ist eine einzige Anregung, sich aus dieser Umklammerung zu lösen: durch ein eindeutiges Bekenntnis zu sich selbst, durch gesunden Egoismus, eine individuelle Verhaltensstrategie und die notwendigen Techniken, sie durchzusetzen.

Alles das sind die Grenzpfähle unseres persönlichen Freiheitsraumes. Drinnen leben wir unser individuelles Leben, draußen passen wir uns der Gesellschaft an. Ob wir hier und dort für uns das Beste daraus machen können, hängt davon ab, wie stark, selbstsicher und kreativ wir sind.

Alle, die von unseren Ängsten und Zweifeln profitieren wollen, versuchen unermüdlich, unsere individuelle Stärke, Sicherheit und egoistische Kreativität auf dreifache Weise zu stören:

1. Sie wollen uns einreden, daß das für uns das Beste ist, was sie uns verkaufen wollen.

2. Sie versuchen, uns mit ihren Botschaften ohne Unterbrechung in Atem zu halten, damit wir keine Zeit haben, darüber nachzudenken, was tatsächlich für uns das Beste wäre.

3. Sie zwingen uns ihre Hilfsbereitschaft auf, um sich selbst und die Existenz ihrer Institutionen zu rechtfertigen.

Auf diese Weise drängt sich die Gesellschaft ständig in unser Leben, um von uns Besitz zu ergreifen. Wer sich dagegen zur Wehr setzen will, um nach eigenen Vorstellungen zu leben, findet auf den folgenden Seiten noch drei nützliche Anregungen.

1.
Die Entscheidung, daß für uns das Beste vom Notwendigen gerade gut genug ist

Von Zeit zu Zeit macht es mir einfach Spaß, jemanden mit dem Satz zu schockieren: »Ach wissen Sie, für mich ist das Beste gerade gut genug.« Manchmal folgen dann stundenlange Streitereien darüber, was denn nun eigentlich das Beste sei. Nicht selten werden mir auch Zynismus und Arroganz vorgeworfen.

Ist das nicht seltsam? Wir sind von Helfern und eilfertigen Rettern umringt, die behaupten, sie und niemand anderer hätten uns das beste Produkt, die beste Idee oder Dienstleistung anzubieten. Aber wenn wir selbst den Anspruch darauf erheben, für uns das Beste zu wollen, fällt man aus der Rolle. Wissen Sie, warum das so ist? Es ist einer der vielen verlogenen Widersprüche, in die uns die Gesellschaft treibt. Hier sind nur einige Beispiele:

- Einerseits erzeugt die Elektroindustrie immer mehr Geräte, und die staatlich gelenkten Stromerzeuger gefährden uns mit immer gefährlicheren Kraftwerken. Andererseits mahnt uns dieser Staat, die Umwelt zu schützen.
- Die chemische Industrie, von der die giftigen Stoffe in der Zigarette stammen, erzeugt auch Medikamente gegen den Lungenkrebs, an dem vorwiegend Zigarettenraucher erkranken.
- Die Regierungen, die nichts anderes wollen als den Frieden in der Welt, haben jahrzehntelang immer höhere

Budgets zur Erzeugung immer wirkungsvollerer Waffen beschlossen.

- Und, wie gesagt, die Leute, die nichts anderes als unser Bestes wollen, entpuppen sich sofort als unsere Gegner, wenn wir uns dazu entschließen, unser Bestes nicht ihnen zu überlassen, sondern auf eigene Faust zu schaffen.

Nichts ist dafür typischer als der klassische Ausspruch von Eltern, mit denen Kinder erpreßt werden sollen: »Tu, was wir dir sagen. Wir wollen nur dein Bestes.«

Eltern, die das behaupten, nehmen in den meisten Fällen nicht die geringste Notiz davon, was für ihr Kind tatsächlich das Beste ist. Sie nehmen als Maß ihrer Beurteilung das, was sie für das Beste halten, und versuchen, es dem Kind aufzuzwingen. Das bedeutet, daß sie dem Opfer ihrer Erpressung keine Chance zubilligen, für sich selbst zu denken und zu entscheiden.

Manche Eltern argumentieren: »Aber wir wissen doch ganz genau, daß unser Kind den größten Fehler macht, wenn es das tut, was es tun möchte. Da ist es doch unsere Pflicht, es davor zu bewahren.«

Ich habe keine konkrete Vorstellung davon, worin die Pflichten von Eltern ihren Kindern gegenüber wirklich bestehen. Aber vermutlich nicht darin, dem Kind so lange alle falschen Entscheidungen abzunehmen, bis es unfähig geworden ist, überhaupt selbständig zu entscheiden. Wie soll denn jemand aus seinen Fehlern lernen können, wenn man ihm keine Chance gibt, sie zu machen?

Es gibt zwei Möglichkeiten, das für uns Beste herauszufinden:

1. Wir suchen uns aus dem, was andere für sich ausgewählt haben, das aus, was auch für uns gut passen könnte. Nach dem Prinzip: »Wenn der Filmstar X sich mit der Seife Y wäscht, dann ist sie auch für meine Haut das Beste.«

2. Ich finde zuerst heraus, was meine Haut wirklich braucht, und suche dann so lange, bis ich es gefunden habe.

Wer sich dazu entschließt, sein persönliches Glück nicht irgend jemandem, sondern nur sich selbst anzuvertrauen, hat gar keine andere Entscheidung offen, als jene, selbst zu bestimmen, was er wirklich braucht und was für ihn das Beste ist.

Die Suche nach dem für uns Notwendigen und Besten beginnt also immer bei uns selbst. Die entscheidende Frage lautet nicht: »Welche Angebote liegen vor?«, sondern: »Was brauche ich wirklich?« Und: »Warum brauche ich es?«

Unser Bestes kann etwas sein, das für andere Leute auch das Beste ist. Aber das hat nichts mit unserer Entscheidung zu tun. Sie geht allein von unseren Bedürfnissen aus und nicht von einem Angebot, mit dem wir zufällig konfrontiert werden.

Vielleicht denken Sie jetzt: »Ich kann das für mich Beste oft einfach nicht tun. Ich würde Kopf und Kragen riskieren.« Das ist ein berechtigter Einwand. Aber die Antwort darauf ergibt sich von selbst. Sie lautet: »Wenn etwas, das wir uns als das für uns Beste vorstellen, uns mehr Sorgen als Glück brächte, kann es gar nicht mehr unser Bestes sein.«

Dann ist die für uns beste Lösung eben der Kompromiß des gerade noch Machbaren mit dem erträglichsten Widerstand der Mitwelt. Oder, um es mit einem früher aufgezeigten Prinzip zu vergleichen: Ich brauche eine praktische Strategie, um meinen Wunsch mit der Realität in Einklang zu bringen. Verstehen Sie, was ich meine?

Um selbst das für mich Notwendige und Beste herauszufinden, stehen mir zwei Möglichkeiten offen:

1. Ich analysiere alle wesentlichen Komponenten und entscheide dann auf Grund des erworbenen Wissens. Zu den

wesentlichen Komponenten gehört es auch, alles, was für etwas spricht, mit dem zu vergleichen, was dagegen spricht.

2. Ich nähere mich der richtigen Lösung auf dem praktischen Weg, riskiere Fehler und lerne so lange daraus, bis ich an dem Punkt angekommen bin, an dem ich überzeugt bin: »Das ist jetzt das Beste für mich.«

Welchen Weg wir wählen, kann von Fall zu Fall verschieden sein. Sicherlich hängt es auch von unseren persönlichen Neigungen ab. Ich konnte im Laufe der Jahre immer wieder zwei Typen von Menschen an der Art unterscheiden, wie sie sich einem Problem nähern. Ich nenne sie »Systematiker« und »Chaotiker«.

Ich selbst zähle mich zu den Systematikern. Ehe ich mich mit jemandem zu einer geschäftlichen Besprechung treffe, habe ich einige gezielte Überlegungen angestellt, wie:

● Was will ich?

● Was will der andere?

● Was hat der andere, das ich haben möchte?

● Was habe ich, das ich ihm anbieten kann, damit er mir das gibt, was ich von ihm haben möchte? Und so weiter.

Ich nähere mich also dem Problem auf theoretischem Weg. Das gibt mir Sicherheit. Zudem arbeitete ich in einem Verlag fast zwanzig Jahre eng mit einem Chaotiker-Typ zusammen. Das gab mir die Möglichkeit, seine Vorgangsweise gründlich zu studieren.

Wenn er nach einer optimalen Lösung suchte, wußte er meistens noch kaum etwas über das Problem. Er suchte Leute, die mehr darüber wußten als er selbst und redete so lange mit ihnen, bis seine Vorstellungen immer klarer wurden. Dann, wenn ich dachte, er wüßte jetzt bereits alles, was er wissen wollte, fing er wieder ganz von vorne an. Er redete jetzt ebenso gründlich mit Leuten, die genau das Gegenteil von dem vertraten, was er bisher erfahren hatte.

Irgendwann einmal, nach vielem Hin und Her, sagte ihm dann sein Instinkt: »Dafür entscheide ich mich. Etwas Besseres finde ich wahrscheinlich nicht mehr.«

Welcher Typ Sie auch sein mögen, es liegt an Ihnen, den für Sie richtigen Weg zu finden, das Notwendige und Beste für sich herauszufinden. Es mag Ihnen nach dem hier Gesagten ein wenig schwierig erscheinen. Aber je länger und erfolgreicher Sie sich darum bemühen, um so leichter wird es Ihnen fallen. Wie alles, was wir unermüdlich üben.

Im Grunde genommen wollte ich Sie in diesem Kapitel aber nur daran erinnern, wie wichtig es ist, eine klare, zweifelsfreie Entscheidung zu fällen, auch wenn manche Leute Sie deshalb für arrogant halten werden. Die Entscheidung: »Für mich ist das Beste gerade gut genug. Ich hole es mir, weil es mich glücklich macht.«

2.

Die Geduld, allem die Zeit zu geben,
die es braucht – vor allem sich selbst

Ich bin fest davon überzeugt, daß die Zukunft nicht den Leuten gehört, die unermüdlich nach immer mehr, immer Besserem und Größerem streben. Sie gehört denen, die sich immer mehr Zeit nehmen, ihr Leben selbst zu gestalten und es zu genießen.

Fragen Sie doch einmal jemanden – sich selbst eingeschlossen –, warum er sich so viele seiner schönsten Träume nicht erfüllt. Die meisten werden antworten: »Mir bleibt einfach keine Zeit dazu.« Dieser eine Satz ist eine der schlimmsten Ausreden, mit denen wir uns unglücklich machen.

Viele Menschen glauben tatsächlich, das persönliche Glück sei eine Frage der Quantität und nicht der Qualität. Sie reden sich ein, mehr Geld mache sie ganz von selbst glücklicher als weniger Geld. Oder ein Generaldirektor sei schon deshalb mehr als ein Arbeiter, weil er Generaldirektor ist. Oder jemand, der länger lebt, müsse deshalb glücklicher sein als ein anderer, der schon mit fünfzig Jahren stirbt.

Uns hat man schließlich auch beigebracht, daß jemand, der ständig beschäftigt ist, auch fleißiger ist, als jemand, der nur halb so eifrig ist und die andere Hälfte der Zeit scheinbar nichts tut.

Wahrscheinlich allerdings tut er nur in den Augen anderer Leute nichts. Tatsächlich aber nützt er diese Zeit für etwas viel Sinnvolleres: Er genießt, was er sich erarbeitet hat.

So banal es auch klingen mag, aber die meisten Menschen scheinen sich für das Leben einfach nicht genügend Zeit zu nehmen. Irgendwie leben sie an ihrem eigenen Leben vorbei. Oder noch schlimmer: Sie laufen wie von Panik erfüllt vor sich und ihrem Leben davon.

Die Zeit scheint etwas zu sein, von dem die Menschen immer viel zu wenig haben. Ich kenne kaum jemanden, der nicht ständig von der Vorstellung getrieben wäre, er müsse irgend etwas tun. Irgend etwas »Nützliches«. Etwas, mit dem er sich vor sich selbst und vor anderen rechtfertigen kann. Erstaunlicherweise sind es gerade diese Leute, die ständig meinen, sie täten nie genug.

»Nütze die Zeit« und »Zeit ist Geld« hat man uns beigebracht, als hätte die Zeit in unserem Leben nur den einzigen Zweck, für Leistung, Geldverdienen und Geldausgeben genützt zu werden.

Vor ein paar Jahren erfüllte ich mir auf dem Grundstück, auf dem unser kleines Bauernhaus steht, einen etwas ausgefallenen Wunsch. Ich grub mir in den lehmigen Boden eines Abhangs eine drei Meter tiefe Höhle, in der ich bequem sitzen und eine Tasse Tee trinken und allein vor mich hinmeditieren kann.

Als ich von dieser Idee einem Nachbarn erzählte, verstand er zwar nicht recht, wozu ein einigermaßen intelligenter Mensch eine Erdhöhle braucht, aber für die rein technische Ausführung war er sofort Feuer und Flamme.

Er erklärte mir, wie er mit einem ganz speziellen Bagger die Grube graben, sie mit Stützen absichern und dann mit einer Betondecke überdachen würde. Die ganze Sache, meinte er, wäre in höchstens drei Tagen unter Dach und Fach. Ich glaube, er hat mir bis heute nicht verziehen, daß ich von allen seinen großartigen Angeboten keinen Gebrauch machte. Ich sagte ihm, daß ich mir die Höhle selbst graben möchte.

»Allein?« fragte er. »Allein«, sagte ich, »nur mit einem Spaten und einer Haue.« Vollends sprachlos war er, als ich andeutete, daß ich an dem Projekt vermutlich ein halbes Jahr lang arbeiten würde.

Ich kann Ihnen heute gar nicht alles aufzählen, was ich durch diese in den Augen meines Nachbarn sinnlose Zeitvergeudung für eine noch sinnlosere Sache gewonnen habe. Allein die Befriedigung, daß ich imstande war, ohne Unterbrechung in gebückter Stellung, keuchend und schwitzend eine halbe Stunde zu graben, war unbezahlbar.

Aber noch viel wichtiger war für mich, die Geduld zu lernen, eine Aufgabe nach meinen eigenen natürlichen Möglichkeiten wachsen zu sehen. Sie in meinen Muskeln selbst zu spüren. Jeden Zentimeter nach eigenen Vorstellungen gestalten zu können. Oder mir die Zeit zu nehmen, über die Lösung eines Problems zwei Tage nachzudenken, bis ich die richtige Lösung gefunden hatte.

Manchmal habe ich den Eindruck, als gingen wir mit uns selbst viel gewaltsamer um als vermutlich mit einer Blume. Einer Blume geben wir die Zeit, solange zu wachsen, bis sie erblüht und sich öffnet, damit wir uns an ihrem Anblick erfreuen können. Bei den meisten Dingen unseres Lebens nehmen wir uns nicht diese Zeit. Voll Hast möchten wir schon ernten, was wir erst gestern gesät haben.

Kaum haben wir uns etwas gekauft, gibt es davon schon wieder eine neue, modernere, noch viel bessere Version. Von nichts kriegen wir genug, weil wir uns einfach keine Zeit nehmen, es richtig kennenzulernen und zu genießen, ehe wir uns daranmachen, etwas Neues zu entdecken.

Wer ständig nach immer Neuem sucht, ist im Grunde genommen ein ganzes Leben lang immer nur auf der Flucht vor dem Alten. Er ist auf der Flucht, und Menschen auf der Flucht haben niemals Zeit, irgend etwas so lange auszukosten, bis es sie wirklich glücklich macht.

Menschen auf der Flucht können nicht glücklich sein. Vielleicht können sie sich ab und zu ein wenig Glück vortäuschen, aber wirklich glücklich können sie nicht sein. Denn Glück kann nur aus einer inneren Kraft kommen, zu der wir uns Schritt für Schritt durchgerungen haben.

Niemand von uns kann das Glück erzwingen. So bleibt uns nichts anderes übrig, als dem Glück die Zeit zu geben, die es braucht, um sich auf natürliche Weise wie eine Blume zu entfalten.

Aus Ungeduld kann kein Glück entstehen. Auch nicht, wenn wir jemand anderen als uns selbst dafür verantwortlich machen. Deshalb finde ich es wichtig zu begreifen, daß alles seine Zeit hat und seine Zeit braucht. An uns liegt es, zu erkennen, wann für welche Sache die richtige Zeit gekommen ist und wieviel Zeit sie erfordert.

Ich selbst erinnere mich durch ein kleines Schild in meinem Arbeitszimmer täglich an etwas, das ich »die vier Zeitfaktoren« nenne:

1. Nimm dir die Zeit, etwas selbst zu erkennen.
2. Nimm dir die Zeit, etwas selbst zu entscheiden.
3. Nimm dir die Zeit, selbst zu tun, was du selbst tun kannst.
4. Nimm dir die Zeit, bis zur Neige zu genießen, was du selbst getan hast, ehe du die nächste Sache beginnst.

Ich sage »die nächste Sache«, aber dabei muß es sich nicht gleich um den Kauf des richtigen Autos oder eines Aktienpaketes handeln. Allem die richtige Zeit zu geben, fängt für mich bei den kleinen Dingen des Alltags an. Wenn ich mir die Zeit nehme, in aller Ruhe zu überlegen, ob ich wirklich einer Einladung zu Freunden nachkommen will. Oder ob ich mich dazu überreden lasse, »weil man dort gewesen sein muß«. Oder, »weil man dort ein paar wichtige Leute trifft«.

Ich will mir die Zeit nehmen, meine eigenen Gedanken dazu zu haben und meine eigene Entscheidung zu fällen, zu der ich später auch einmal stehen kann. Schließlich möchte ich für den Rest meines Lebens keine Zeit mit Dingen vergeuden, die mir keinen Spaß machen, weil ich sie mit halbem Herzen getan habe.

Seit ich versuche, nach dieser Vorstellung zu leben, entdecke ich ständig neue Aspekte an vielen alltäglichen Handlungen. Zum Beispiel, daß ein Bissen Apfel ganz anders schmeckt, wenn ich mir die Zeit nehme, ihn zwanzigmal im Mund zu zerkauen als nur fünfmal. Dadurch hat natürlich auch mein Speichel mehr Gelegenheit, wirksam zu werden, was andererseits wieder Magen und Darm zugute kommt.

Vielleicht klingt es ein wenig weit hergeholt, wenn ich diesen Gedanken weiterspinne zu der Schlußfolgerung: Wenn ich mir für alle Bissen an Nahrung, die ich zu mir nehme, beim Kauen mehr Zeit nehme und dadurch meine Verdauungsorgane schone, bin ich später nicht gezwungen, mir die Zeit zu nehmen, in einem Spital zu liegen.

Aber das ist, wie gesagt, nur ein alltägliches Beispiel dafür, was die Entscheidung, allem seine Zeit zu geben, in unserem Leben ändern kann – wenn die Zeit gekommen ist.

3.
Die Entschlossenheit, sein Glück selbst zu beschützen, statt sich auf andere zu verlassen

Unsere Welt ist voll von naiven Menschen, die an Recht, Ordnung und Gerechtigkeit glauben. Sie wollen nicht wahrhaben, daß es diese Wunschträume nicht gibt und vermutlich auch niemals geben wird. Wer, so frage ich Sie, sollte denn dafür sorgen, daß uns Gerechtigkeit widerfährt? Wer sollte uns beschützen?

Wenn ein Berufseinbrecher in Ihre Wohnung einbrechen will, haben Sie fast keine Chance, es zu verhindern. Wenn jemand Sie wirklich töten wollte – glauben Sie ernsthaft, Sie hätten eine Chance, zu überleben? Wer sollte Sie davor bewahren, einem Autounfall zu erliegen? Doch nicht die Verordnungen, Verkehrszeichen oder Geschwindigkeitsbegrenzungen auf den Straßen.

Was die so eilfertig strapazierte Gerechtigkeit betrifft oder das verbriefte Versprechen, wir alle seien vor dem Gesetz gleich: Glauben Sie wirklich daran? Ich garantiere Ihnen, Sie sind, wenn Sie sich die teuersten Rechtsanwälte leisten können, vor dem Gesetz allemal gleicher als ein anderer.

Wer wirklich entschlossen ist, sein Leben möglichst frei und glücklich zu verbringen, muß seine persönliche Freiheit und sein persönliches Glück selbst mit Krallen und Zähnen beschützen. Oder, um es auf etwas weniger blumige Art zu sagen: Er braucht für das tägliche manipulative Spiel die bessere Strategie.

Alles, was Sie in diesem Buch bisher gelesen haben, ist ein Bestandteil dieser Strategie. Der Glaube an sich selbst, die Entschlossenheit, sein Leben selbst zu gestalten, und der Plan, der Ihre Entscheidungen bestimmt. Das Glück und die Freiheit, die Sie sich vielleicht damit erwerben – das sollten Sie nicht unterschätzen –, sind ständig gefährdet.

Die Gefahr droht aus zwei Richtungen:

1. Von der Gesellschaft, in der wir leben und die an kritischen, selbstbewußten Individualisten nicht interessiert ist. Ganz im Gegenteil. Gesetze, Ordnungen und die Gerechtigkeit sind vor allem dazu gemacht, um den Interessenten des Staates oder der Gesellschaft zum Durchbruch zu verhelfen. Oder wenigstens den Leuten, die sich dieser Macht bedienen können.

2. Von Ihnen selbst und der Selbstverachtung, die man Ihnen ein Leben lang anzuerziehen versucht, indem man Ihnen unentwegt predigt: Verlaß dich auf uns, wir beschützen dich und sorgen für dich.

Wissen Sie, was den Schutz, den andere uns versprechen, von dem Schutz unterscheidet, den wir selbst uns angedeihen lassen können? Die anderen schützen uns vorwiegend hinterher. Wir selbst können uns vorbeugend schützen. Vorausgesetzt natürlich, wir sind dazu fest entschlossen.

Wissen Sie, was ich meine?

Ich meine, wenn ein Autofahrer Sie zu Tode fährt, weil Sie sich auf ein Vorfahrtszeichen verlassen haben, nützt es Ihnen hinterher nichts mehr, daß Sie im Recht waren. Im Grunde genommen ist es ja auch nicht so wichtig, ob Sie wegen eines Raucherbeines ein halbes Jahr lang im Spital liegen oder wegen Magenkrebs.

Polizei, Gerichte, Ärzte besitzen ein Instrumentarium, das sich vorwiegend zur Nachbehandlung eignet. Nur Sie selbst haben die Chance, einen Schaden zu verhindern, indem Sie Ihre Freiheit, Ihr Glück, Ihre Gesundheit sorgfältig beschützen, solange Sie noch die Möglichkeit dazu haben.

Wenn Sie sich also dazu entschlossen haben sollten, sich selbst mehr zu lieben als irgend jemand anderen, an sich zu glauben und die Entscheidungen für sich selbst zu fällen, sollten Sie eine weitere Entscheidung fällen. Sie lautet: »Ich beschütze mich selbst.«

Der wirkungsvollste Schutz besteht mit Sicherheit nicht darin, für jede Gefahr jederzeit die wirkungsvollste Waffe bereit zu haben. Der wirkungsvollste Schutz besteht vielmehr darin, die Gefahren zu kennen und ihnen rechtzeitig aus dem Weg zu gehen.

Das gilt für das Autofahren genauso wie für die Gesundheit oder die Möglichkeit, als Frau nachts vergewaltigt zu werden. Wenn Sie sich niemals darauf verlassen, daß sich andere Autofahrer richtig verhalten, schützen Sie sich damit. Wenn Sie außerdem die Gefahren erkennen, die Ihnen durch sich selbst beim Autofahren drohen, schützen Sie sich doppelt.

Erst kürzlich las ich von einer Frau, die nachts von einem ihr unbekannten Mann gezwungen wurde, ihn in ihre Wohnung mitzunehmen. Dort schlug und mißbrauchte er sie mehrere Stunden lang, ehe er mit ihrem ganzen Geld verschwand. Wissen Sie, was die Frau hinterher sagte? Sie sagte: »Jetzt komme ich schon seit zehn Jahren nachts immer allein nach Hause, aber nie ist mir etwas passiert.«

Tun wir das nicht alle dutzendfach? Wir verlassen uns darauf, daß alles schon irgendwie seine Ordnung hat und alles für alle Zeit so gesichert und friedlich bleibt, wie es gerade ist. Vermutlich besteht die größte Gefährdung unseres Glücks darin, daß wir uns nicht rechtzeitig mit den Gefahren beschäftigen, von denen wir ununterbrochen bedroht sind.

Ich hoffe, es ist mir gelungen, Sie davor zu warnen. Aber wenn ich selbst heute in fortgeschrittenem Alter noch nie ernsthaft krank war, seit 37 Jahren keinen Autounfall hatte und dreißig Jahre lang erstaunlich glücklich verheiratet bin, dann ist das nicht zuletzt darauf zurückzuführen, daß ich die täglichen Gefahren des Lebens nicht zu unterschätzen versuchte.

Natürlich kann morgen schon alles anders sein. Aber Sie wissen ja: Es gibt kein lebenslanges Abonnement auf das Glück. Was wir allerdings tun können, ist dies: Wir bemühen uns unentwegt darum, wir beschützen es vor Gefahren, aber wir finden uns leichten Herzens mit dem ab, was wir mit bestem Willen nicht ändern können.

Noch ein Hinweis

Von den alten Chinesen ist die Aussage überliefert: »Wahres Wissen ist intuitives Erfassen.« Ich glaube nicht, daß dieses wahre Wissen an Universitäten oder aus Büchern gelernt werden kann. Das Wissen, das erforderlich ist, um sein Leben glücklich und frei leben zu können, besitzt jeder selbst. Es liegt an ihm allein, es dort zu suchen.

Wenn Sie deshalb dieses Buch jetzt in eine Ecke stellen, um es nie wieder eines Blickes zu würdigen, würde mich das nicht stören. Vorausgesetzt natürlich, Sie zögern keine Minute, ernsthaft in sich zu gehen, um Ihr eigenes Lebensbuch zu schreiben.